운 좋은 놈이 성공한다

별난 부자 사이토 히토리의 절대 성공 법칙

운 좋은 놈이 성공한다
별난 부자 사이토 히토리의 절대 성공 법칙

ⓒ 나비스쿨 2024

발행일 2024년 11월 20일 1판 1쇄 발행
       2025년 1월 12일 1판 2쇄 발행
지은이 사이토 히토리
역 자 나비스쿨 편집팀
펴낸이 조우석
펴낸곳 나비스쿨
편집장 김현정
디자인 studio J
인쇄 예원프린팅

등록 No.2020-00008
주소 서울특별시 성북구 돌곶이로 40길 46
이메일 navischool21@naver.com

ISBN 979-11-94114-05-5 (03190)

운 좋은 놈이 성공한다

별난 부자 사이토 히토리의 절대 성공 법칙

나비
스쿨

별난 사람이 성공하는 이유

　많은 이들이 나를 '별난 사람'이라고 말합니다. 사실 나도 그 말이 옳다고 생각합니다. 내가 남다른 건 사실이니까요. 내가 그렇게 보이는 이유는 생각하는 방식이 보통 사람과 다르기 때문입니다. 그렇다고 색안경을 끼고 볼 필요는 없습니다. 내가 하는 행동에는 나름대로 이유가 있으니까요. 이제는 그것이 옳았다는 걸 다들 알고 있습니다.

　사회에서 제대로 일하기 위해서는 대학을 꼭 졸업해야 한다고 입을 모아 이야기합니다. 나는 장사에 재능이 있을 뿐, 학력은 보잘것없습니다. 남들이 필수라고 말하는 대학 근처에는 가본 적도 없습니다. 그런데도 내가 엄청나게 성공한 것은 별난 사람이기 때문입니다. 세상 사람들과 다른 생각을 하고, 다른 것을 보고, 다른 행동을 합니다. 그러니 이상해 보이는 것도 무리가 아니지요.

우리는 살면서 많은 사람을 만납니다. 다들 각자의 생각이 있지요. 그런 가운데 나 같은 괴짜를 만나는 것이 여러분에겐 제법 유쾌한 경험일 것입니다. 이 책을 마음 편하게 읽어주세요.

"참 별난 사람이야. 그래도 재미있긴 하네."

이러면서요. 중학교 졸업이 전부인 내가 어떻게 백만장자가 되었는지 궁금한 마음에 이 책을 집어 들었을 수도 있습니다. 괜찮습니다. 별난 사람이 쓴 책을 단번에 선택한 당신 역시 별난 사람임에 틀림없으니까요, 하하.

이 책을 읽다 보면 '신'이라는 말이 자주 등장합니다. 한 가지 알리고 싶은 것이 있습니다. 나는 딱히 믿는 종교가 없습니다. 아마 앞으로도 그럴 겁니다. 내가 책 속에서 말하는 신은 아주 일상적인 단어입니다. 길을 걷고 있는데 맞은편에서 방향을 잃은 차가 달려든다면? 그 차를 급히 피한 뒤 무사한 자신의 모습을 살피며 당신은 저절로 중얼거릴 겁니다.

"신이시여, 감사합니다!"

나는 '신'이라는 단어를 좋아합니다. 우리가 잃어버린 채 살아가는 것들을 깨닫게 해주는 말이기 때문입니다.

운 좋은 놈이 성공한다

우리는 인간이기에 누구나 살면서 한계를 느낍니다. 그리고 그 한계를 깨부술 때 기쁨을 느끼지요. 이 책은 내가 당신에게 주는 선물입니다. 별난 생각으로 성공을 거머쥔 나의 삶이 궁금하다면 다음 페이지를 펼쳐 보세요. 곧 해답을 얻을 수 있을 테니까요!

내가 생각해도 제법 유별난, 사이토 히토리

차례

01
돈을 부르는 절대 성공법칙

즐거워야 성공한다

많은 이들이 내게 묻습니다.

"대체 어떻게 성공하신 건가요?"

이렇게 묻는 사람도 있습니다.

"제대로 자리를 잡기까지 고생이 많았겠어요. 힘들었던 이야기 좀 들려주세요."

일단 미안하다는 말부터 해야 할 것 같습니다. 내가 백만장자인 것은 맞지만, 나는 살면서 단 한 번도 고생해 본 적이 없으니까요.

"죽도록 노력하면 언젠가는 성공할 수 있다."

"고생한 덕분에 오늘날 이렇게 열매를 거두었다."

이런 건 나와는 전혀 상관없는 말입니다. 단언컨대 우리를 성공으로 이끄는 것은 재능도 노력도 아닙니다. 성공하기 위해 고생해야 한다는 것은 다 틀린 말이지요. 사실 우리는 알고 있습니다. 재능이 있어도 꽃피우지 못하는 사람, 아무리 노력해도 성공하지 못하는 사람, 죽도록 고생해도 보답 받지 못하는 사람이 주위에 너무나 많다는 것을요. 대체 이유가 무엇일까요?

수십 년 전에 만들어져서 지금까지 팔리고 있는 장난감이 있습니다. '다마고치'라는 제품으로, 손바닥보다 작은 크기의 미니 게임기입니다. 출시 당시 다마고치의 인기는 하늘을 찌를 정도였습니다. 거리에 멈춰 서서 게임기 속 작은 동물에게 먹이를 주는 사람들을 어렵지 않게 만나볼 수 있었지요. 자신이 키워낸 동물이 얼마나 귀여운지 자랑하느라 다들 바빴습니다. 지금까지 거의 1억 개가 팔려 나갔다고 하니, 그 장난감을 만든 회사는 당연히 큰돈을 벌었겠지요.

이쯤에서 한번 생각해봅시다. 다마고치의 성공을 보고 내가 똑같은 장난감을 만들었다면 어떤 일이 벌어졌을까요? 뭐, 처음 한두 달은 쏠쏠히 팔려 나갔겠지요. 하지만 곧 쇠고랑을 찼을 겁니다. 성공은 물 건너간 것이지요.

내가 백만장자가 될 수 있었던 건 누구의 흉내도 내지 않았기 때문입니다. 남의 것을 훔쳐서 좋은 성적을 낼 수 있는 건 학교에서 시험을 볼 때뿐입니다. 그것도 오래 가진 않겠지만요. 그런데 의외로 남의 고생담을 읽고 똑같이 따라 하려는 사람이 많습니다. 스스로를 바꾸려고 애쓰지만, 결국 아무것도 얻지 못한 채 절망하고 맙니다.

내가 이 책을 쓴 이유는 그럴 필요가 없다는 것을 알려주기 위해서입니다. 있는 그대로 즐겁게 살아도 얼마든지 성공할 수 있습니다. 내가 일평생을 통해 확인했으니 믿어도 좋습니다. 고생 끝에 낙이 온다는 말, 이제는 버리세요. 당신은 행복하기 위해 태어났으니까요. 자, 지금부터 아주 중요하지만, 매우 간단한 성공 비결을 알려주겠습니다. 힘든 일이 생길 때면 자신에게 이렇게 말해보세요.

"내가 정말 힘든 상황을 겪고 있는 걸까?"

그런 다음 이렇게 말하세요.

"아니야, 전혀 힘들지 않아."

이 말을 입에 올리는 순간, 이미 성공의 길에 들어선 것과 다름없습니다.

 세 줄 요약

즐겁게 살아도 얼마든지 성공할 수 있습니다.

고생 끝에 낙이 온다는 말, 이제는 버리세요.

당신은 행복하기 위해 태어났으니까요.

힘든 일은 존재하지 않는다

'전화위복'이라는 말이 있습니다. 말 그대로 불행을 안겨줄 거라 생각한 일이 오히려 행운을 불러온다는 뜻입니다.

"이미 알고 있는 말을 굳이 풀어서 말해줄 필요가 있나요?"

이렇게 말하는 사람도 있을 겁니다. 맞습니다. 그런데 우리는 매 번 까먹습니다. 그러면서 말하지요.

"우리 애는 성적이 왜 그 모양일까?"
"나는 왜 결혼할 상대를 찾지 못하지?"
"좀 더 많은 돈을 주는 회사에 갈 걸 그랬어."
"연애하면 뭘 해? 이렇게 차일 것을⋯."

기억하세요. 전화위복의 진짜 의미를요. 사실 우리에게 힘든 일은 절대 일어나지 않습니다. 아니, 힘든 일이란 건 우리 삶에 원래부터 존재하지 않습니다. 여러분의 이해를 돕기 위해 한 가지 예를 들어 보겠습니다. 이웃에 사는 가마타 씨에 관한 이야기입니다.

가마타 씨는 부지런한 사람으로, 제법 큰 상점의 주인입니다. 아침부터 밤까지 언제나 바쁘게 일하지요. 그에게는 남동생이 하나 있는데, 매번 노느라 바빴습니다. 파도타기에 열중하는 동생을 보며, 가마타 씨는 생각했지요.

'저렇게 한심한 녀석이 내 동생이라니….'

가마타 씨가 이런 생각을 할 때마다 묘하게도 동생과 말다툼이 벌어지곤 했습니다. 어느 날 내가 물었지요.

"가마타 씨. 한번 생각해 봐요. 동생이 일을 안 한다고 해서 당신이 정말 힘든가요?"

그때 가마타 씨의 머릿속에 문득 이런 생각이 떠올랐다고 합니다.

'잠깐만…, 생각해보니 그렇네. 동생이 바닷가에서 노닥거린다고 해서 그 녀석이 힘들 건 없고, 그렇다고 내가 딱히 힘든 것도 아니니까. 지금보다 조금만 더 열심히 하면 상점 규모도 커질 거고, 그러면 그 녀석 하나쯤이야 그럭저럭 먹여 살릴 수 있지 않을까?'

그런데 얼마 후 신기한 일이 벌어졌습니다. 갑자기 동생이 상점 일을 돕기 시작한 겁니다. 마음을 바꿔먹은 뒤 완전히 새사람이 된 동생의 모습에 가마타 씨는 몹시 놀랐습니다. 내게 고맙다는 인사도 여러 번 했지요. 이쯤에서 내가 하고 싶은 이야기는 바로 이겁니다. 힘든 일이 아니라고 생각한 순간, 현실이 바뀌었다는 사실입니다!

나도 예전에 그런 일을 겪은 적이 있습니다. 국세청이 발표하는 백만장자 순위에 내 이름이 몇 년째 올라갔을 때, 한번은 이런 기사가 났습니다.

"엄청난 부자인 사이토 히토리는 사실 패륜아다. 부모를 내버려둔 채 전혀 돌보지 않는다!"

갑자기 사람들이 나를 욕하기 시작했습니다. 나는 화가 났지요. 대단한 효자는 아니어도, 부모님과 항상 다정하게 지내 왔습니다. 그런데도 사람들이 덮어놓고 나를 비난하니 기분이 나빴습니다. 그러다가 문득 이런 생각이 들었지요.

운 좋은 놈이 성공한다

'사람들이 떠들어대는 게 무슨 상관이지? 헛소문에 불과한데 말이야. 내가 힘들어할 이유가 없잖아?'

그 이후 나는 꼬박꼬박 세끼 밥을 챙겨 먹고, 일도 신나게 했습니다. 부모님과 함께 외식도 하고, 계절마다 여행도 보내드렸지요. 그러는 사이 헛소문은 자취를 감추었습니다. 만약 내가 이런 생각을 했다면 어땠을까요?

'미치겠군. 다들 왜 이렇게 나를 괴롭히는 거야?'
'환장하겠네. 주위 사람들이 날 어떻게 생각하겠어?'

아마 신경쇠약에 걸렸을 겁니다. 힘들다고 생각하지 않은 덕분에 별다른 일 없이 그 시기를 무사히 넘길 수 있었지요. 누군가는 내게 이렇게 말할지도 모릅니다.

"당신은 이미 성공했기 때문에 그런 생각을 할 수 있는 거겠죠."

절대 그렇지 않습니다. 지금 여러분이 힘든 문제로 고민하는 것은 영혼이 만들어낸 파동 때문입니다. 그 고민을 해결하는 방법은 딱 한 가지입니다. 여유를 갖고 생각을 바꾸는 것입니다. 그러면 영혼이 한 단계 성장합니다. 내 영혼을 성장시키지 못하면 자손도 비슷한 일로 힘들어하게 됩니다. 그러니 지금 당장 힘들다는 생각에서 벗어나세요. 내가 성공한 것은 바로 이런 말을 해왔기 때문입니다.

"어떤 일이 닥쳐도 나는 전혀 힘들지 않아."

이 말을 입버릇으로 삼으세요. 그러면 반드시 성공할 수 있습니다. 언제나 힘들다는 생각만 하며 다른 사람의 성공 방식에만 온 신경을 곤두세우면 당신의 고난은 절대 끝나지 않습니다. 그건 마치 멀쩡히 서서 갈 수 있는 길을 물구나무를 선 채 가려고 하는 것과 마찬가지입니다. 고생 끝에 성공을 거머쥐었다는 이야기에 다들 귀를 쫑긋 세웁니다. 그러고는 무턱대고 따라 하려고 애쓰지요. 하지만 이것은 성공하는 쉬운 방법을 내버려 두고 억지로 힘든 길을 가는 바보짓입니다. 큰돈을 벌고 싶은가요? 누구보다 성공하고 싶나요? 그러면 그냥 똑바로 서서 걷기만 하세요.

"이런 것쯤이야, 힘들지 않아."

이렇게 말하면서요. 물구나무를 서면 금세 힘이 빠지고 맙니다. 얼마 가지도 못하고요.

운 좋은 놈이 성공한다

 세 줄 요약

"어떤 일이 닥쳐도 힘들지 않아."
이 말을 입버릇으로 삼으세요.
그러면 반드시 성공할 수 있습니다.

똑바로 서기만 하면 된다

물구나무를 서지 않으려면 어떻게 해야 할까요? '우주의 법칙'을 알면 됩니다.

일단 신의 뜻에 귀를 기울이세요. 우주는 값비싼 시계처럼 매우 세심하게 움직입니다. 이렇게 정밀한 우주가 저절로 만들어졌다니, 나는 결코 그렇게 생각하지 않습니다. 이 세상에는 절대적인 존재가 있으며, 그 존재는 법칙을 만들고, 그 법칙에 따라 별이 탄생하고 생명체가 생겼습니다. 이 존재를 우주의 힘이라 말하는 이들도 있을 겁니다. 상관없습니다. 나는 이 존재를 '신'이라고 부릅니다. 신이 창조한 우주의 법칙을 따르는 것, 이게 바로 성공의 비결입니다.

신은 자신의 손으로 만든 인간을 고생하도록 내버려 두지 않습니

——————— 운 좋은 놈이 성공한다

다. 사람들은 나쁜 일이 벌어지면 모두 신의 탓으로 돌립니다. 하지만 이 모든 것은 인간의 탓입니다. 함부로 전쟁을 일으키는 것도, 자연을 파괴해 홍수나 가뭄을 초래하는 것도 모두 사람이 벌인 일이지요.

농사만 지어도 풍요롭게 살 수 있는데 사람들은 무기 개발에 열을 올립니다. 물이 모자라서 논에 물을 대지 못하는데 정치하는 사람들은 미사일을 만드느라 바쁩니다. 미사일 하나를 만들 돈이면 우물 수백 개를 팔 수 있습니다. 돈이 허투루 쓰이고 있는 것입니다. 전 세계에서 무기를 만드는 데 매년 천문학적인 돈이 들어갑니다. 하지만 한쪽에서는 겨우 몇천 원이 없어서 아이들이 굶어 죽고 있습니다. 너무나 안타까운 일이지요.

신은 인간에게 물, 산소, 음식, 자연을 아무런 조건 없이 공짜로 제공해 주었습니다. 그러나 우리는 그것을 사고팔지요. 모든 것을 아낌없이 주지만, 신은 인간에게 무엇도 바라지 않습니다. 나는 내 마음속에 있는 신의 목소리를 따르며 살아갑니다. 나쁜 일만 생기면 신을 원망하는 인간의 오만함을 속상하게 여기면서요.

신은 인간을 절대로 힘들게 하지 않습니다. 그저 끝없이 베풀 뿐이지요. 즉, 우리가 힘들어할 일은 아무것도 없습니다. 우리가 해야 할 중요한 일은 영혼의 단계를 한 단계씩 높여가는 것입니다. 대체 어떤 방법으로 영혼을 성장시킬 수 있을까요?

평소에 힘들다고 느끼는 일이 있나요? 그럼 곰곰이 생각해보세요. 정말 그 일 때문에 내가 힘든 건지 말이에요. 그러면 어느 순간 진실을 깨달을 겁니다.

"그래, 나는 힘들지 않구나!"

그때 바로 당신의 영혼이 한 단계 성장합니다. 이것이 바로 신의 선물이지요.

 세 줄 요약

"그래, 나는 힘들지 않아!"
이렇게 말할 때 당신의 영혼이 성장합니다.
신은 당신을 아낌없이 사랑합니다.

운 좋은 놈이 성공한다

우리는 잘 살기 위해 태어났다

힘든 문제에 부딪히면 다들 이렇게 한탄합니다.

"왜 나만 이런 고생을 하는 거지?"

영혼의 단계는 사람마다 다릅니다. 따라서 나와 당신의 문제가 같을 수 없습니다. 그게 어떤 것이든, 모든 문제는 우리의 영혼을 한 단계 성장시키기 위한 신의 선물입니다. 이 점을 기억해야 합니다.

내 이야기를 해보겠습니다. 나는 일 년에 몇 차례씩 세무서 사람들의 방문을 받습니다. 사업을 하니 세금은 당연히 내가 해결할 문제입니다. 만약 내가 엉뚱한 사람을 찾아가서 세금 문제를 상담한다면 어떻게 될까요? 아무 소득도 없이 돌아와야 할 것입니다. 괜스레 마음만 불편하겠지요. 당연히 내가 해결해야 한다고 생각할 때

그게 고생으로 여겨지지 않습니다. 세상일은 다 그런 겁니다. 그러니 지금부터라도 당신만 고생하고 있다는 생각은 버리세요. 그리고 지금 닥친 문제 때문에 정말 고생하고 있는지 골똘히 생각해보세요.

"잠깐만. 어차피 내가 해치워야 할 문제잖아? 그러니 전혀 고생스럽지 않아."

이렇게 여기는 순간 게임은 이미 끝난 겁니다. 여러분은 성공을 향해가는 올바른 길을 걷기 시작한 것이지요. 하지만 괴로웠던 마음을 다잡았다고 해서 문제가 끝나는 것은 아닙니다. 심리적인 문제를 해결하고 나면 반드시 다른 문제가 터집니다. 그렇다고 이런 생각은 하지 마세요.

'그럼 그렇지. 신이 나를 괴롭히는 게 틀림없어.'

신은 기본적으로 인간을 돕습니다. 우리는 결코 고생하려고 태어난 것이 아니라는 사실을 꼭 기억해주었으면 합니다. 계속 애쓰는데도 힘든 일이 사라지지 않는다면, 그것은 신이 당신에게 지금 하는 방법이 틀렸다고 알려주는 것입니다. 신은 원래 직접 말로 알려주는 법이 없습니다. 이 세상에 뭔가를 일으켜서 우리를 깨우치게

———— 운 좋은 놈이 성공한다

하지요.

초등학교에 처음 들어가서 학생이 칠판에 '1+1=3'이라고 썼다고 해봅시다. 그럼 얼른 선생님이 틀렸다고 말해줄 것입니다. 그럴 때 잘못을 깨닫고 바른 답을 찾으면 문제는 해결됩니다. 그런데도 학생이 틀린 답을 고집한다면, 선생님은 답답해하며 교실 뒤에 잠시 서서 올바른 답을 고민해보라고 말할 겁니다. 그런데도 깨닫지 못하면 숙제를 잔뜩 내줄 겁니다. 결국 끙끙대며 고생하게 되겠지요. 당신이 고생하는 것도 이런 이치입니다. 잘못하고 있다는 것을 깨닫지 못해서 계속 고생하고 있는 것이지요.

"난 아무것도 잘못한 게 없는걸요."

이렇게 말할지도 모릅니다. 하지만 고생이 계속된다면 이제는 제발 깨달아야 합니다. 같은 잘못을 되풀이하기 때문에 고생은 고생대로 하고, 결과는 하나도 거두지 못하는 비극적인 상황이 계속된다는 사실을 말이지요.

세 줄 요약

계속 애쓰는데도 힘든 일이 계속되나요?

그게 바로 신이 당신에게 주신 기회입니다.

당신의 방법이 틀렸다는 걸 이제는 알아차려야 합니다.

운 좋은 놈이 성공한다

고생이 도무지 끝나지 않는다면

당신이 계속 고생하는 이유는 문제 해결법이 틀렸기 때문입니다. 지금 당장 마음속에 자리 잡은 고민을 떠올려보세요. 돈, 성적, 연애, 결혼, 자녀교육, 부부싸움, 아니면 미래에 관한 걱정까지. 아마 끝이 없을 겁니다. 문제는 걱정만 한가득일 뿐 제대로 된 해결책을 찾는 법을 모른다는 데 있습니다. 과일을 사러 간 사람이 문구점을 기웃거린다면 어떤 일이 벌어질까요? 문구점은 공책이나 연필을 파는 곳이지 사과나 수박을 취급하는 곳이 아닙니다. 그런데도 사람들은 문구점에 가서 자꾸만 파인애플을 찾습니다. 그러니 문제가 해결될 턱이 없지요.

"에이, 그런 바보 같은 행동을 할 리가 없지."

이렇게 말하는 사람이 대부분일 겁니다. 하지만 이런 기본적인 것조차 알아채지 못해서 고생하는 이들이 의외로 많습니다. 쉬운 예를 들어보겠습니다.

지위고하를 막론하고 자녀의 성적을 다루는 태도는 하나같이 똑같습니다. 성적이 나쁘면 사회에 나가서 제 몫을 다하지 못할 것이라고 믿지요. 그런데 한번 생각해봅시다. 어째서 성적이 나쁘면 고생을 할 거라고 여기나요? 공부를 못해도 얼마든지 사회에서 활약할 수 있습니다. 다만 우리 사회가 성적이 나쁜 사람에게 좀처럼 기회를 주지 않을 뿐입니다. 내가 젊을 때 누군가가 이런 말을 하는 것을 들은 적이 있습니다.

"대학은 무슨 일이 있어도 가는 게 좋아요. 거기서 만난 사람들 가운데 부자가 되거나 크게 출세할 사람이 반드시 있을 테니까요."

나는 그 말이 무척 잘못되었다고 여깁니다. 덕을 볼 생각으로 남과 사귀는 사람은 마음이 가난한 사람이기 때문입니다. 이런 생각을 가지고 대학에 가면 제대로 된 사람을 만나기는커녕 대학 생활을 하는 내내 외톨이가 될 확률이 높습니다. 생각해보세요. 이런 속셈을 갖고 접근하는 사람을 대체 누가 좋아할까요?

성적이 좋지 않은 자녀에게 대학의 필요성을 부르짖으며 야단을 치는 부모가 많습니다. 화를 내는 대신 이렇게 말해보세요.

운 좋은 놈이 성공한다

"아무래도 학교가 네 적성에 맞지 않는가 보구나. 걱정하지 말렴. 사회에 나가면 분명 잘 할 수 있을 테니까!"

이렇게 용기를 북돋워 주어야 합니다. 손재주가 좋은 아이가 그런 칭찬을 들으면 이렇게 생각할지도 모릅니다.

"그래, 나는 뭐든 잘 만드니까 그런 분야로 가 보자. 열심히 노력해서 솜씨 좋은 목수가 되는 거야!"

적성에 맞지 않는 공부를 하느라 시간을 낭비하기보다는 잘 할 수 있는 일에 시간을 쏟는 편이 훨씬 생산적입니다. 나중에 이 아이가 한 사람 몫을 해내는 목수가 되면 대기업 부장이 부럽지 않습니다. 돈도 훨씬 많이 벌고 전문가 대접도 받을 수 있기 때문입니다. 간단한 예를 한 가지 더 들어볼까요? 귤은 식후에 즐기는 과일입니다. 그런데 누군가가 귤을 보고 이런 말을 한다면 어떨까요?

"대체 넌 왜 밥솥에 들어가지 않는 거니?"

귤은 쌀과 다릅니다. 그런데도 쌀이 되라고 강요한다면 자신이 못났다고 여길 게 분명합니다. 귤은 그 자체로 완벽합니다. 아이들도 마찬가지입니다. 공부를 잘하고 못하고는 중요하지 않습니다. 아이들은 그 자체로 이미 완벽한 존재이기 때문입니다.

 세 줄 요약

적성에 맞지 않는 공부는 시간 낭비일 뿐입니다.
잘 할 수 있는 일에 정성을 쏟아보세요.
당신은 이미 그 자체로 완벽한 존재입니다.

운 좋은 놈이 성공한다

격려하면 힘든 일이 사라진다

신은 계속 우리를 지켜봅니다. 정답을 맞힌 사람은 보상으로 영혼을 한 단계 높여 주고, 답을 못 찾은 사람에게는 틀렸다는 사실을 알려주지요. 그게 바로 우주의 섭리입니다. 하지만 고집이 센 이들은 신의 말을 좀처럼 듣지 않습니다. 잘못을 알려 주어도 고치려 들지 않지요. 당신이 만약 고집 센 사람이고, 계속 힘든 일이 끊이지 않는다면 차라리 이렇게 생각하세요.

"그래, 난 지금 수행을 하고 있는 거야."

그러면서 마음속에 자리 잡은 '힘들다'는 생각을 몽땅 지워버리는 겁니다. 어떤 일을 하더라도 힘들다는 투정을 계속하는 사람은 지혜를 모으기가 힘이 듭니다. 그래서 좀처럼 고통에서 벗어나질 못하지요. 만약 당신이 이런 생각을 했다고 해봅시다.

'요즘 우리 애가 너무 고생하는 것 같아. 그러니 돈을 좀 줘야지.'

그러면서 아이에게 돈을 건넸다면? 아이는 결국 그 돈 때문에 고생할 일이 생깁니다. 그러니 다른 사람에게 돈을 줄 때는 꼭 이렇게 말하도록 하세요.

"항상 행복해 보여서 기쁘구나. 이 돈으로 맛있는 거 먹고 더 행복해지렴."

그래야 상대가 지금보다 훨씬 더 잘살게 됩니다. 만일 누군가가 당신에게 고민을 털어놓는다면 어떻게 말해주면 좋을까요?

"지금까지 잘해왔으니 앞으로도 잘 해낼 수 있을 거야. 난 널 믿어."

함께 고민하며 끙끙대는 것보다는 이런 말을 해주는 것이 상대를 훨씬 더 활기차게 만듭니다. 당신의 그 말이 마음에 빛을 비춰주기 때문이지요. 주위를 둘러보면 아이의 미래를 끊임없이 걱정하는 부모가 많습니다. 얼핏 보기엔 자상한 것 같지만, 사실은 아이를 믿지 못하기 때문에 온종일 걱정을 하는 겁니다. 생각해봅시다. 가장 가

——————— 운 좋은 놈이 성공한다

까운 부모조차 믿어주지 않는 아이가 어떻게 사회에 나가서 제 몫을 다할 수 있을까요?

"우리는 언제나 널 믿는단다. 그러니 잘 해낼 수 있을 거야."

이렇게 격려하는 한 마디가 아이에게는 훨씬 커다란 힘이 됩니다. 믿는 부모가 자녀를 큰 나무로 키우는 법입니다. 칭찬과 응원을 아끼지 마세요.

세 줄 요약

부모의 걱정은 아이를 주눅 들게 만듭니다.
기억하세요.
부모가 믿어줄 때 아이도 제 몫을 다한답니다.

당신은 이미 완벽하다

자신을 떠올릴 때 어떤 생각이 드나요? 맞습니다. 당신은 이미 완벽한 사람입니다. 스스로를 부족하다 여기는 사람은 당장 그런 생각을 버리는 게 좋습니다. 신은 절대 실수하지 않으니까요. 우리는 신이 만들어낸 존재입니다. 따라서 완벽할 수밖에 없습니다. 때때로 잘못된 행동을 할 수도 있지만, 그래도 우리는 완벽합니다. 지금의 모습 그대로, 이미 충분히 멋집니다.

"매번 실수하는 부족한 사람도 있지 않나요?"

이렇게 묻고 싶은 사람도 있을 겁니다. 어린 소나무를 한번 떠올려보세요. 키 작은 나무일 땐 이 동물에게 밟히고, 저 바람에 흔들리며 존재감이 희미할 수 있습니다. 하지만 그래도 소나무는 언제나 소나무입니다. 단지 작을 뿐이지요. 시간이 흐르면 마침내 그 나무는 커다란 거목이 됩니다. 송충이가 잠시 잎을 갉아 먹어도 소나무라는 사실에는 변함이 없습니다. 마찬가지로 미숙한 사람 또한 이미 완벽한 존재입니다. 단지 지금은 영혼이 덜 자란 상태일 뿐이지요. 그러니 누구든 주어진 환경을 감사하게 여기며 자신의 영혼을 성장시키기 위해 애써야 합니다.

한 달에 10만 원씩 용돈을 받는 아이가 있다고 해봅시다. 이 아이는 언제나 투덜거립니다.

"왜 항상 돈이 모자란 거야? 이번 달에도 딱 3만 원이 부족하네."

그러면서 필요한 돈을 더 벌기 위해 아르바이트를 시작합니다. 하지만 그래도 상황은 나아지지 않습니다. 100만 원을 번 뒤에는 이렇게 투덜대기 때문입니다.

"왜 항상 돈이 모자란 거야? 이번 달에도 딱 30만 원이 부족하네."

최신형 스마트폰이나 새로 나온 신발에 언제나 눈을 돌리기 때문에 이 아이는 항상 허덕입니다. 매달 천만 원씩 벌어도 300만 원이 부족하다고 느끼지요. 결국에는 은행에서 돈을 빌리는 처지가 되고 맙니다.

얼마를 가졌든 그게 충분하다고 느끼는 사람이 부자가 됩니다. 10만 원을 받았을 때 이만하면 충분하다고 느끼는 사람은 3만 원을 저금합니다. 이런 사람은 100만 원을 벌면 30만 원을 저금하고, 1000만 원을 벌면 300만 원을 저금합니다. 점점 가진 돈이 많아지지요.

자신에 관한 생각도 마찬가지입니다. 스스로 완벽하다 여기는 사람은 긍정적인 방향으로 생각이 향하게 마련입니다. 만약 직장에 들어가서 처음으로 사회생활을 시작하게 되었다면 그 사람은 이렇게 궁리할 겁니다.

"직장에서 최고가 되려면 어떻게 행동해야 할까? 가장 중요한 건 일찍 출근하는 거야. 지각이나 무단결근은 절대 하면 안 되지. 쓸데없는 일에 시간을 낭비해서도 안 돼. 일할 때는 집중하고, 나머지 시간에는 충분히 쉬자. 그래, 난 잘 해낼 수 있어."

이런 생각은 이 사람을 발전으로 이끌고, 점점 더 올바른 행동을 할 수 있게 해줍니다. 성공은 자연스럽게 몰려오지요. 그런데 스스로 불완전하다 여기는 사람은 금세 마음이 조급해집니다. 실수가 잦아지고, 기본의 중요성을 무시하게 되지요. 성공은 결국 물 건너

운 좋은 놈이 성공한다

갑니다.

  기억하세요. 당신은 이미 완벽한 존재라는 사실을. 자주 실수해
도, 몸이 아파도 당신은 항상 완벽합니다. 신이 당신을 처음부터 완
벽하게 창조했으니까요!

 세 줄 요약

얼마를 가졌든 그게 충분하다고 느끼는 사람이 부자가 됩니다.

자신에 관한 생각도 마찬가지입니다.

스스로 완벽하다 여길 때 긍정적인 방향으로 생각이 향합니다.

매력이 매력을 부른다

　우리가 흔히 '상식'이라고 부르는 생각 탓에 많은 이들이 자신을 불완전하게 여기곤 합니다. 고학력에 수입이 많고, 외국어를 능숙하게 구사하는 사람을 보면 멋지다고 말들 합니다. 그렇다면 이 범주에 속하지 못하는 사람은 정말로 매력이 없는 것일까요? 아닙니다. 사람은 모두 자신만의 매력을 갖고 태어납니다. 잔뜩 부푼 머리에 슬리퍼를 끌고 다니는 사람에게 매력을 느끼는 사람도 있습니다. 남들 보기에 별 볼 일 없는 사람에게 매력을 느끼는 경우도 많지요.

　본디 매력이란 사람을 끌어당기는 힘을 말합니다. 혹시 여러분 가운데 '끌어당기는 힘'에 일정한 법칙이 있다고 여기는 사람이 있지는 않나요? 그것은 잘못된 생각입니다. 끌리는 사람이 있다면, 그게 무엇이든 '끌어당기는 힘'이 맞습니다. 바꿔 말하면, 아무리 조건이

　　　　　　　　　　　　　　운 좋은 놈이 성공한다

좋아도 그 사람에게 아무도 끌리지 않는다면 매력이 없는 것과 마찬가지입니다.

남들의 눈을 의식해 자신의 매력을 판단하는 사람이 많습니다. 고학력, 고수입에 외국어를 유창하게 구사하는 모습만을 매력으로 여기면 다른 사람이 지닌 진실한 매력을 알아채지 못합니다. 붉은 안경을 쓰면 세상이 온통 붉게 보이고, 노란 안경을 쓰면 세상이 온통 노랗게 보이는 것과 같은 이치입니다. 색깔이 잔뜩 든 안경을 벗고 맨눈으로 세상을 보면 비로소 다양한 색채를 느낄 수 있지요.

다들 읊어대는 '상식적인 매력'에 매달리다 보면 정말 아름다운 세상은 볼 수 없습니다. 잘 생각해보세요. 나의 매력을 가장 적극적으로 부정하는 사람은 바로 나 자신입니다. 세상의 기준에 자신을 맞추려 하면 내가 지닌 고유한 매력은 어느새 모습을 감추고 맙니다. 너무나 안타까운 일이지요.

 세 줄 요약

세상의 잣대에 당신을 맞추지 마세요.
당신의 매력을 가장 잘 아는 사람은 누구일까요?
바로 당신 자신입니다.

멋진 남자가 되는 법

　누구나 이성에게 인기 있는 사람이 되기를 원합니다. 하지만 그 방법을 제대로 알고 있는 사람은 드물지요. 이제부터 그 비결을 말해줄 테니 잘 실천해보도록 하세요.

　남자들은 대부분 자신과 가까운 사람을 칭찬하는 데 인색합니다. 상대가 여자친구든, 아내든 간에 상대를 칭찬하는 데 정성과 노력을 아끼지 말아야 합니다. 그게 어떤 것이든 말이지요. 상대가 자신보다 월급을 많이 받으면 괜스레 의기소침해지는 남자들이 많습니다. 절대 그럴 필요가 없습니다.

　"당신 정말 대단해. 지금 당장은 힘들겠지만, 앞으로 열심히 노력해서 당신을 행복하게 해줄게!"

이 말을 상대에게 건네보세요. 여자친구나 아내가 당신보다 열 배의 돈을 벌고 있어도 당신을 세상에서 가장 근사한 남자로 여길 겁니다.

여자들은 쇼핑을 즐깁니다. 새로운 물건을 발견하는 데 탁월한 재능을 지니고 있기 때문입니다. 그런데 남자들은 익숙하고 편안한 상태를 좋아하기 때문에 새 옷을 사거나 새로운 물건을 고르는 걸 즐기지 않습니다. 그러다 보니 아내가 또 새 옷을 사 들고 들어오면 불평부터 하곤 하지요.

"아니, 옷장이 터질 지경인데 또 옷을 산 거야? 당신은 왜 그렇게 쓸데없는 데 돈을 쓰는 거야?"

이렇게 삐딱하게 반응하기 일쑤입니다. 사실 이런 말은 아무짝에도 소용이 없습니다. 오히려 새 옷을 산 뒤 들떠있던 상대의 기분만 상하게 할 뿐입니다. 흥청망청 돈을 쓴다고 타박하지 말고, 마음을 담아 칭찬의 말을 건네보세요.

"당신은 옷을 참 잘 고르는 것 같아. 이번에 사 온 스웨터의 색깔이 무척 근사한걸. 그 옷을 입으니 아주 날씬해 보여!"

아름다움을 추구하는 여성들의 특성을 이해해준다면 당신은 금세 매력적인 남자가 되어있을 겁니다. 그런 의미에서 남자는 상대를 위해 선물을 고르는 일을 게을리해서는 안 됩니다. 액수를 따질 필요는 없습니다. 작든 크든 마음을 담은 선물이면 충분합니다. 한 손에 쥘 수 있는 꽃다발도 괜찮습니다. 주머니가 두둑할 땐 반짝이는 목걸이나 팔찌도 좋지요. 평소에 아내에게 이렇게 마음을 표현한다면 당신을 세상에서 가장 멋진 남편으로 여길 것입니다. 여자친구에게 때때로 이런 정성을 내보이면 한결 매력적인 남자친구가 되겠지요. 종종 진심을 담아 작은 선물을 건넸는데도 여자친구가 당신을 떠나간다면? 아무 걱정하지 마세요. 반드시 더 멋진 여성이 당신에게 다가올 테니까요. 매력적인 남자는 어디서든 빛이 나는 법입니다. 여자들은 그런 남자를 금세 알아봅니다. 그러니 외출을 다녀온 아내가 한 손에 또 쇼핑백을 들고 있다면 짜증 내지 말고 기분 좋게 말해보세요.

"어서 입어봐. 당신이 어떤 옷을 골랐는지 궁금한걸!"

이 한 마디로 당신은 세상에서 가장 매력적인 남자가 되어있을 겁니다. 이렇게 확실한 방법을 알려주어도 실천하지 않는 사람이 많습니다. 그래서는 절대 인기 있는 남자가 될 수 없지요. 그런 성격을 지니고 있다는 걸 여자들이 금세 알아채기 때문입니다.

운 좋은 놈이 성공한다

아무리 애를 써도 그런 말이 입 밖으로 나오지 않는다면? 뭐, 그건 그것대로 자신을 인정해주도록 합시다. 있는 그대로 스스로를 바라보는 것도 매우 중요하니까요. 이번 생에서 매력적인 남자가 될 수 없다면 다음 생을 기약하면 됩니다. 다음 생에 못하면, 그다음 생에 인기남이 되면 그뿐입니다. 분명 언젠가는 매력적인 남자가 되어있을 것입니다.

세 줄 요약

상대를 위해 선물을 고르는 일을 게을리해서는 안 됩니다.
액수를 따질 필요는 없습니다.
작든 크든 마음을 담은 선물이면 충분합니다.

매력적인 여자가 되는 법

여자들이 잘못 알고 있는 상식이 있습니다. 바로 이상형에 대한 남자들의 대답입니다.

"당신이 선호하는 매력적인 이성의 모습에 대해 말씀해주시겠어요?"

이런 질문을 받으면 흔히 남자들은 이렇게 대답합니다.

"순수하고 여성적인 사람이 좋습니다."

이런 말을 곧이곧대로 믿으며 여자들은 남자 앞에서 참하고 여성스럽게 행동하려고 애씁니다. 하지만 여기서 한 가지 빠진 게 있습

——————— 운 좋은 놈이 성공한다

니다. 바로 남자들이 표현하는 이상적인 여성상이란 '어머니의 모습'이라는 사실입니다. 실수하면 뭐가 잘못되었는지 알려주고, 말을 안 들으면 야단치고, 돈을 낭비하면 혼을 내고, 일을 잘 해내면 칭찬해주는 사람을 남자들은 여성스럽게 여깁니다. 그런데 여자들은 이 사실을 제대로 알지 못하지요.

정말로 인기 있는 여자가 되고 싶다면 어머니가 된 심정으로 남자의 단점을 꼬집어가며 주의를 주도록 하세요. 남자들은 이렇게 자신을 올바르게 이끌어줄 상대를 원하는데, 수많은 여성이 마음이 가는 남자 앞에서는 이와는 정반대의 행동을 보이곤 합니다. 그러다 보니 정작 좋아하는 사람에겐 사랑을 받지 못하고, 싫어하는 사람에게 관심을 받는 경우가 종종 발생하지요. 좋아하는 남자 앞에서는 얌전하게 굴고, 싫어하는 남자 앞에서는 하고 싶은 말을 맘껏 하기 때문입니다. 그런 일이 반복되면 단점을 지적받은 남자가 오히려 그 여자를 좋아하는 일이 자꾸만 생깁니다.

뭐 하나 부족한 게 없어 보이는데도 인기가 없는 여성이 꽤 많습니다. 사람을 사귀더라도 그리 오래 가지 않지요. 과연 이유가 무엇일까요? 이런 여성들을 곁에서 지켜보면 하나같이 비슷한 모습을 보이는 경우가 많습니다.

"이번 주말에 어디 가고 싶어?"
"이따가 뭐 먹을래?"

데이트 약속이 잡히고, 남자가 이런 질문을 할 때 별생각 없이 이렇게 대답하는 여성이 많습니다.

"글쎄…, 난 어디든 상관없어."
"잘 모르겠어. 아무거나 먹지 뭐."

이렇게 대답하면서 자신이 여성스럽다고 여태껏 생각해왔다면, 얼른 그 생각을 버리는 게 좋습니다. 단단히 착각하고 있는 것이기 때문입니다. 사실 남자 입장에서 이만큼 처치 곤란한 상대도 드무니까요.

처음 한두 번은 그럴 수 있다고 이해합니다. 하지만 비슷한 일이 반복되면 남자들은 맥이 빠집니다. 매일 놀기만 하는 사람은 없습니다. 여자친구와의 데이트를 위해 일 년 내내 정보를 모으는 일은 불가능하다는 말이지요. 남자들은 자신을 확실하게 이끌어 줄 여자를 원합니다. 적어도 자신이 가고 싶은 장소나 먹고 싶은 음식은 또렷하게 말하는 게 좋습니다. 인기를 얻기 위해 억지로 여성스럽게 행동하다 보면 어느새 부담스러운 상대가 되고 맙니다.

내가 지금껏 인기가 없었다면 그동안의 행동을 되돌아보세요. 선택을 항상 남자에게 미뤘다면 당장 그런 습관을 바꾸는 게 좋습니다. 정 바꾸는 게 힘이 든다면 뭐, 괜찮습니다. 있는 그대로 스스로를 바라보는 게 중요하니까요. 이번 생에서 매력적인 여자가 될 수

운 좋은 놈이 성공한다

없다면 다음 생을 기약하도록 합시다. 다음 생에 되지 못하면, 그다음 생에 인기 있는 사람이 되면 그뿐입니다. 선택은 오직 당신의 몫이니까요.

 세 줄 요약

남자들은 자신을 이끌어줄 여성을 원합니다.
바라는 게 있다면 또렷하게 생각을 표현하세요.
그렇지 않으면 부담스러운 상대가 되고 맙니다.

02
성공을 부르는 절대 성공법칙

길에서 본 개똥은 잊어라

몸이 아프면 마음도 아프게 마련입니다. 힘차게 살아갈 의욕이 사라지고, 세상을 원망하게 되지요. 표정도 저절로 우울해집니다. 그런데 한번 생각해봅시다. 병이 있다고 해서 정말 불행할까요? 그렇지 않습니다. 병에 걸린 사람은 그 상태로 여전히 완벽합니다. 결코 불완전한 삶이 아니라는 뜻입니다. 병에 걸렸다고, 몸이 약하다고 내내 자리에만 누워 있으면 절대 상태가 나아지지 않습니다.

'난 왜 이렇게 불행한 걸까?'

이런 생각을 덜어내고 구겨진 얼굴을 펴보세요. 그리고 조금씩 바깥세상으로 발걸음을 옮기는 게 좋습니다. 걱정을 한가득 안은 채 지낸다고 해서 삶이 행복해지는 건 아니니까요.

운 좋은 놈이 성공한다

인생은 여행과 같습니다. 이리저리 돌아다니며 바닷가로 밀려오는 파도를 구경하고, 개울에 흐르는 물소리도 듣고, 마음 착한 사람들과 이야기도 나누지요. 이렇게 여행을 하다 보면 길가에 있는 개똥도 보게 됩니다. 만약 여행하는 내내 그 개똥만 생각한다면 과연 즐거운 시간을 보낼 수 있을까요? 아까 봤던 개똥이 무슨 색이고, 어떤 모양이며, 크기가 얼마나 되는지를 일일이 이야기한다고 듣는 사람이 즐거워할까요? 사람들은 한결같습니다. 여행지에서 본 아름다운 풍경, 맛있는 음식, 그 고장에 사는 따스한 주민들의 이야기를 듣고 싶어 합니다.

아무리 아름다운 공원에도 쓰레기통은 있게 마련입니다. 거기에 들어있는 쓰레기에만 시선을 둔다면 어떤 일이 벌어질까요? 아마 공원의 모습은 하나도 눈에 들어오지 않을 겁니다. 쓰레기통에서 눈을 떼세요. 그리고 아름다운 풍경을 즐기세요. 마찬가지로 내가 병에 걸렸다는 사실에만 초점을 맞추고 그것에 집중한다면 내 삶은 결코 행복해질 수 없습니다.

처음엔 쉽지 않을 겁니다. 하지만 나쁜 일에서 눈을 떼고 즐거운 일에 초점을 맞추면 인생이 한결 나아집니다. 내가 행복해지면 주위 사람도 행복을 느끼게 되지요.

우리는 본래 다른 사람을 사랑하기 위해 태어난 존재입니다. 생각해봅시다. 내 삶에 흥미가 없는 사람이 어떻게 남을 사랑할 수 있을까요?

자꾸만 초조해하는 사람은 주위 사람도 초조하게 만듭니다. 겁이 많아서 자꾸만 움찔하는 사람은 주위 사람도 움찔하게 만들지요. 이런 사람과 가깝게 지내면 늘 고생입니다. 행복도 불행도 쉽게 전염되기 때문입니다.

인생은 여행입니다. 여행을 하다가 길가에서 발견한 개똥은 얼른 잊으세요. 병이 있는 사람도 그건 할 수 있습니다. 어떤 상황에 처했든 항상 가슴을 펴고 당당하게 살아가는 게 좋습니다.

 세 줄 요약

인생은 여행과 같습니다.
나쁜 일에서 눈을 떼고 즐거운 일에 초점을 맞추세요.
내가 행복하면 주위 사람도 행복해진답니다.

운 좋은 놈이 성공한다

신이 낸 시험에 합격하는 법

무슨 일이든 처음이 중요합니다.

"난 완벽하지 않아. 그래서 불행해."

처음에 그렇게 생각하면 그 생각이 자랍니다.

"난 완벽해. 그래서 행복해."

이렇게 생각하면 이 생각이 덩치를 불리지요. 우리 몸은 때가 되면 성장을 멈추지만, 마음은 소나무나 삼나무처럼 계속 자라납니다. 처음에 가난한 마음을 심으면 계속 가난한 마음이, 비뚤어진 근성을 심으면 계속 비뚤어진 근성이 자라나지요. 따라서 자신을 불완전하게 여기는 생각을 절대 심어서도, 길러서도 안 됩니다. 가장 좋은 것은 있는 그대로의 자신을 감사하게 여기는 것입니다.

"난 정말 행복해. 내 몸 하나 뉠 집도 있고, 먹을 것도 있으니까. 비록 지금 한 칸짜리 방에서 살고 있지만, 세상에는 먹을 것이 없어 굶는 사람들도 많아. 그에 비하면 난 정말 행복한 거야. 진심으로 말이야."

이런 마음을 먹는다면 당신은 금세 행복한 마음이 들 것입니다. 감사해야 할 것은 또 있습니다. 내가 사람으로 태어났다는 사실입니다. 생명을 지닌 존재는 어디에나 있습니다. 나는 나무로, 가축으로, 곤충으로도 태어날 수 있었습니다. 그런데도 부모님의 몸을 빌려 사람으로 태어난 것이지요. 그 사실만으로도 우리는 충분히 행복합니다.

이것저것 갖고 싶다는 생각에 남이 지닌 것을 탐내는 사람들이 많습니다. 그러면 금세 가난한 파동이 생깁니다. 그리고 그 파동이 순식간에 덩치를 불리지요. 그런 생각 대신 풍요로움을 키우고 싶다면 이렇게 말해보세요.

"무슨 일이 생겨도 나는 힘들지 않아."

신은 언제나 당신을 시험에 들게 합니다. 가까운 사람이 복권에 당첨되거나, 유산을 물려받거나, 출세를 하곤 하지요. 그럴 때 당신은 이 말을 할 수 있어야 합니다.

"정말 잘 되었어."

이 말을 하는 순간, 당신은 신이 낸 시험에 합격합니다. 그리고 곧바로 영혼이 한 단계 성장하게 되지요. 하지만 시간이 갈수록 시험도 어려워집니다. 영혼의 단계가 올라갈수록 생각지도 못한 일이 벌어지곤 합니다.

어느 날 동창회에 갔는데 이런 소식이 들려옵니다. 학교에 다닐 때 반에서 꼴등을 도맡아 하고 가장 별 볼 일 없던 친구가 부모님의 도움으로 새집을 마련했다고요.

"정말 잘 되었어. 부모님이 집을 마련해줄 만큼 좋은 가정에 태어난 것도 그 친구가 전생에 착한 일을 했기 때문이야. 다 인덕이 있어서지."

그 순간 비아냥거리지 않고 이런 말을 하는 건 매우 어려운 일입니다. 하지만 그렇게 말할 수 있다면 당신의 영혼은 곧바로 성장하지요. 때론 도무지 좋은 말을 할 수 없는 경우도 생깁니다. 누군가가 당신에게 돌아올 돈을 가로채서 그 돈으로 새집을 짓는다면? 분명 이런 시험을 통과하는 건 말도 못 하게 힘이 들 겁니다. 그런데도 온 힘을 다해 이렇게 말할 수 있다면?

"그래, 원래 그 사람한테 갈 재산이었어. 정말 잘 되었어."

신은 분명 여러분에게 매우 높은 점수를 줄 것입니다. 그 사람이 가로채 간 재산은 당신에게 필요 없기 때문에 그 사람에게 간 것뿐입니다. 신은 항상 공평합니다. 재산을 물려받은 사람이 그걸 끝까지 지킨다는 보장도 없습니다. 오히려 재산을 물려받지 못한 사람이 열심히 일해서 더 큰 부자가 되는 경우도 많습니다.

 세 줄 요약

생각이 당신의 삶을 바꿉니다.
사람으로 태어난 것을 감사하게 여기세요.
그 사실만으로 우리는 충분히 행복합니다.

운 좋은 놈이 성공한다

당신에겐 파동을 바꿀 능력이 있다

만족하지 못하고 가진 것을 불평하는 사람은 마지막 하나까지 빼앗깁니다. 내가 지닌 한 가지를 소중하게 여기는 사람은 자꾸만 더 많이 얻게 됩니다.

스스로 행복하다 여기는 사람은 곁에 있는 사람을 행복하게 만듭니다. 행복의 파동이 주변에 전해지기 때문입니다. 돈도 마찬가지입니다. 풍요로운 파동을 만드는 사람은 마음이 저절로 풍요로워져서 자꾸만 풍요로운 일이 생기고, 가난한 파동을 만들어내는 사람은 저절로 가난해지게 마련입니다.

신은 인간에게 파동을 바꿀 능력을 주었습니다. 기억하세요. 자신의 파동을 풍요롭게 만들면 성공하고, 그렇지 못하면 실패한 인생을 살게 됩니다. 자, 그렇다면 당신의 파동을 풍요롭게 바꿀 방법은 무엇일까요? 일단 언제든 이렇게 말하는 게 좋습니다.

"난 전혀 힘들지 않아."

그리고 누구를 만나든 상대를 떠올리며 마음속으로 이렇게 기원하세요.

"지금 눈앞에 있는 이 사람에게 좋은 일이 많이 일어났으면 좋겠습니다."

지구상에 사는 수십억 명 가운데 내가 지금 마주 보는 한 사람은 정말 엄청난 인연으로 힘들게 만난 겁니다. 수십억분의 일의 확률로 마주친 것이니까요. 그러니 가족, 연인, 친구, 앞으로 만나게 될 사람을 늘 소중하게 여기는 습관을 길러야 합니다. 상대에게 좋은 일이 생기도록 기원하다 보면 표정과 말투가 어느새 바뀝니다. 당신에게서 풍요의 파동이 널리 퍼져나가게 됩니다. 자연스럽게 주변 사람들도 행복해지지요.

내가 지금 어떤 파동을 지녔든 그것을 풍요로운 파동으로 바꿀 수 있습니다. 간혹 불평만 해대며 당신을 괴롭게 만드는 사람을 만날 수도 있습니다. 그럴 땐 그 사람을 설득하려 들지 말고 당신이 내뿜는 풍요의 파동에 스스로 집중하세요. 그러면 자연스레 나쁜 파동을 지닌 사람이 당신을 떠나갑니다.

풍요의 파동을 계속 만들어내면 어느새 비슷한 파동을 지닌 사람이 당신 주변으로 모여듭니다. 이런 사람과의 만남은 더 큰 풍요를 불러오지요. 그러면 당신은 더더욱 풍요로워집니다.

 세 줄 요약

풍요로운 파동을 만드는 사람은 마음이 저절로 풍요로워집니다.
그래서 자꾸만 풍요로운 일이 생기지요.
가난한 파동을 만들어내면 저절로 가난해진답니다.

내 인생의 주인공이 되려면

생각을 바꾸면 삶이 바뀝니다. 부와 성공을 내 것으로 만들고 싶다면 항상 이 말을 입에 달고 살아야 합니다.

"나는 힘들지 않아."

그러면서 동시에 풍요로움의 파동을 내뿜는 게 중요하지요. 거리의 이쪽 끝과 저쪽 끝에서 두 사람이 각자 국수 가게를 열었다고 생각해봅시다. 둘 다 유명한 가게에서 비법을 배운 덕분에 국수 맛은 아주 좋습니다. 그런데 한군데 가게의 주인은 무뚝뚝한 편입니다. 다른 가게의 주인은 싹싹하지요. 굳이 말하지 않아도 어느 가게에 손님이 몰릴지 짐작할 수 있을 것입니다. 싹싹한 태도를 지닌 주인은 풍요로움의 파동을 스스로 만들어내고 있습니다. 그 가게에 가면 손님들의 마음이 행복해집니다. 자연스레 사람들로 북적이게 되지요.

흔히들 고민 끝에 지혜가 나온다고 믿습니다. 틀린 말입니다. 지혜에도 생각의 파동이 담기기 때문입니다. 심술궂은 사람이 생각해 낸 지혜에는 심술궂은 파동이 담깁니다. 고민 끝에 나온 지혜는 고민의 파동을 담고 있지요. 따라서 그런 지혜가 발휘되어도 다시 고민이 시작될 뿐입니다.

마음이 풍요로우면 지혜도 풍요로워지게 마련입니다. 행복과 성공을 간절히 원한다면 그런 마음을 품고 편안히 잠자리에 들도록 합시다. 자는 동안에 이를 실현하는 데 필요한 파동이 저절로 모여 듭니다. 그런 다음에는 신이 당신에게 부여한 임무를 열심히 해내기만 하면 됩니다. 쉽게 이야기하면, 신은 영화감독과 똑같은 역할을 하고 있습니다.

"지금 당신이 맡은 배역은 길거리를 지나가는 사람입니다."

만약 당신에게 신이 이렇게 요구한다면, 불평 없이 그 역할을 해내도록 합시다. 어떻게 하면 내가 맡은 배역을 가장 자연스럽게 해낼 수 있을까 궁리하면서 말이지요. 어떤 역할이든 열심히 하면 한두 마디 정도 대사를 할 기회가 옵니다. 더욱 열심히 하다 보면 그보다 좋은 역할도 맡게 마련입니다.

 사람들은 대부분 자신의 역할에 불만이 많습니다. 가족들이 자신을 괴롭힌다고 생각하고, 회사에서도 끊임없이 착취당한다고 느끼기 때문입니다. 하지만 그래서는 아무것도 이룰 수 없습니다. 이 세상에서 나를 제외한 모든 것은 환상이며, 모든 일은 신이 관장한다고 생각하세요. 신이 내게 맡긴 역할을 열심히 해내다 보면 반드시 더 좋은 무대 의상을 입을 기회가 생깁니다.

 무엇을 하든 처음이 가장 힘들게 마련입니다. 또한 가장 중요하기도 하지요. 힘들어도 정성껏 하다 보면 나름대로 기술이 생겨서 즐겁게 일할 수 있습니다. 만약 열심히 하는데도 상태가 나빠진다면 즉시 깨달아야 합니다. 이 방법이 잘못되었다는 사실을 말이지요.

 신은 아무도 괴롭히지 않습니다. 열심히 하는데도 일이 잘 풀리지 않는다면 신이 내게 중요한 메시지를 주는 것입니다. 지금 잘못된 방법으로 일하고 있다고 말입니다. 그런데도 깨달음을 얻지 못하는 건 다른 누구의 잘못도 아닙니다. 많은 이들이 실패를 거듭하면서 말합니다.

"나는 재능이 없어."
"이런 실력으론 도무지 해내질 못해."

운 좋은 놈이 성공한다

기억하세요. 성공은 재능이나 실력으로 이루어지는 것이 아닙니다. 실력이 없는 사람일수록 고집이 세고 자존심도 강합니다. 진심으로 성공과 행복을 바란다면 쓸데없는 고집과 자존심은 버려야 합니다. 솔직한 자세로 진지하게 노력할 때 비로소 실력이 자랍니다. 마음을 열고 신이 주신 내 역할에 정성을 기울이는 것, 그것이 바로 인생이라는 무대에서 마침내 주인공이 되는 비결입니다.

 세 줄 요약

마음이 풍요로우면 지혜도 풍요로워집니다.
성공을 간절히 원한다면 그런 마음을 품고 편안히 잠자리에 드세요.
이를 실현하는 데 필요한 파동이 저절로 모여듭니다.

무슨 색깔이든 보석이다

"내 인생의 주인공이 되려면 솔직하고 진지하며 마음이 여유로워야 합니다."

이런 말을 들으면 자칫 이렇게 생각할지도 모르겠습니다. 모든 사람이 존경해마지않는 인격자가 되어야 한다고요. 일부러 그런 생각을 할 필요는 없습니다. 다른 사람에게 모범이 되려고 애쓸 필요도 없고요.

책 한 권을 쓰고 나니 다들 선생님이라 부르며 나를 추켜세웁니다. 이 자리에서 분명하게 말하는데, 나는 절대로 인격자가 아닙니다. 그런 대접을 받는 것도 영 달갑지가 않습니다. 나는 차려입는 걸 싫어하고, 대단한 자리에 나서는 것도 싫어합니다. 가끔 경마장에 가서 마권도 사고, 친구들과 술도 마십니다. 누군가는 다그치듯

운 좋은 놈이 성공한다

이렇게 말할 수도 있습니다.

"책에서는 그럴듯한 말만 늘어놓더니, 정말 실망이에요!"

하지만 나는 세상에서 말하는 인격자가 어떤 사람인지 알지 못합니다. 또한 그들이 얼마나 고귀하며 남을 위하는지도 모르지요. 나는 인격자가 되기 위해 특별한 노력을 기울여본 적이 없습니다. 그저 자유롭게 생활하고, 주변 사람들을 행복하게 해주면서 인생을 즐겁게 살아가려 할 뿐입니다. 그런데도 내 주변에는 사람이 많습니다. 나의 이런 생각에 공감하는 이들이 모여들기 때문입니다.

모든 이들에게 모범이 되는 삶에 의미를 두는 사람도 있습니다. 그게 나쁜 건 아닙니다. 하지만 일부러 노력해서는 안 됩니다. 힘들게 노력하지 않아도 사람은 누구나 다른 사람의 모범이 될 수 있습니다. 나는 나대로, 당신은 당신대로 말이지요.

모든 보석은 자신만의 광채를 지니고 있습니다. 노란 보석은 노란 광채를, 붉은 보석은 붉은 광채를 내기만 하면 됩니다. 사람들의 관심사는 모두 다릅니다. 노란 보석을 좋아하는 사람도 있고, 붉은 보석을 좋아하는 사람도 있습니다. 노란 보석을 좋아하는 사람은 노란 보석을, 붉은 보석이 좋은 사람은 붉은 보석을 갖기를 원하지요. 붉은 보석을 좋아하는 사람은 노란 보석을 싫어할 수도 있습니다.

이건 무척 당연한 일입니다.

"당신은 왜 노란 보석을 좋아하지 않지요? 이해할 수가 없네요."

그런데도 이렇게 다그치면서 붉은 보석에 노란색을 섞으려고 든다면 어떨까요? 이처럼 우주의 섭리에 반하는 일을 할 때 무리가 생기고 힘들어지는 것입니다. 설사 그 일이 가능하다 해도 이렇게 섞어 놓으면 노란색도 아니고 붉은색도 아닌, 이도 저도 아닌 보석이되고 맙니다.

우리는 누구나 인기 있는 사람이 되기를 원합니다. 하지만 다른사람이 나를 좋아하게 만드는 건 정말 힘든 일입니다. 더군다나 나를 싫어하는 사람이 내게 호감을 느끼도록 한다는 건 말도 못 하게어려운 일이지요. 그렇게 하려면 방법은 두 가지뿐입니다. 나를 바꾸던가, 아니면 상대를 바꾸는 것입니다. 하지만 그건 그것대로 매우 어색한 결과가 이어집니다. 애쓰면 애쓸수록 인간관계가 잘 풀리지 않는 것은 바로 이런 이유 때문입니다.

"노란색을 싫어해도 상관없어요."

노란 보석을 싫어하는 사람에게는 넉넉한 마음으로 이렇게 말하

——————— 운 좋은 놈이 성공한다

세요. 자신이나 상대방을 바꾸려고 노력할 때 문제가 생기는 법입니다. 그러니 절대 애쓰지 마세요. 노란 보석은 노랗게 빛나는 것으로 충분합니다. 상대방을 바꾸려고 애쓰니까 상대방이 싫어하는 것입니다. 노란 보석이 다른 보석과 섞일 수 없듯이, 나는 나대로 당신은 당신대로 모두 가치가 있습니다. 바꾸려 하는 건 매우 어리석은 행동입니다.

당신은 지금 그대로 아름답습니다. 그러니 누군가가 나를 괴롭히거나 싫어한다고 해서 내가 지닌 보석의 색깔을 바꾸려고 애쓸 필요는 없습니다. 만약 밥을 넘기지 못할 정도로 심각한 고민이 생겼다면 자신에게 이렇게 말해보세요.

"안 그래도 살이 조금 찐 것 같았는데, 마침 잘 되었네."

이렇게 긍정적인 생각을 하면 심각했던 문제도 조금씩 엷어져 갑니다. 다른 사람과 만날 기회가 있을 때는 언제나 이렇게 생각하세요.

'어떻게 하면 이 사람을 있는 그대로의 모습으로 좋아할 수 있을까?'

그러면 당신도 있는 그대로의 모습으로 사랑받을 것입니다. 기억하세요. 어떤 색깔이든 보석이라는 사실을요.

 세 줄 요약

노란 보석은 노랗게 빛나는 것으로 충분합니다.
나는 나대로, 당신은 당신대로 모두 가치가 있습니다.
바꾸려 하는 것은 매우 어리석은 행동입니다.

운 좋은 놈이 성공한다

이제는 200살이다

행복, 부, 명예, 성공…. 우리가 얻고자 하는 모든 것은 결코 고생을 해서 얻을 수 있는 것이 아닙니다. 그렇다고 노력할 필요가 없다는 뜻은 아닙니다. 즐기면서 노력하면 된다는 말이지요. 크게 성공한 사람들 가운데엔 이렇게 말하는 이도 있을 겁니다.

"난 여태껏 온갖 고생을 참고 견디며 오늘날에 이르렀습니다."

하지만 나는 그렇게 생각하지 않습니다. 그들이 성공하는 과정이 정말로 힘들고 괴로웠다면 그 과정을 그렇게 오랫동안 참아낼 수 없었을 테니까요. 알고 있습니다. 나처럼 생각하는 사람이 드물다는 사실을요. 내 의견이 소수 의견일지도 모르지만 그렇다고 틀린 것은 아닙니다. 학교에서 시험을 치를 때를 떠올려보세요. 아주 어려운 문제는 정답을 맞힌 사람보다 틀린 사람이 훨씬 많습니다. 하지만 제대로 된 답을 써낸 사람의 숫자가 아무리 적다고 해도 선생님은 정답에 동그라미를 칩니다.

나는 언제나 일반적인 사람들과는 전혀 다른 방향의 생각을 해냅니다. 그래서 다들 나를 괴짜라고 부르지요. 말이 나온 김에 내가 지닌 엉뚱한 생각 한 가지를 더 말해주겠습니다. 나는 진심으로 믿고 있습니다. 내가 200살까지 살 것이라고요. 이 말에 사람들은 고개를 갸우뚱 할 것입니다. 날 이상하다고 여길 게 분명하지요. 하지만 내가 어렸을 때 어른들은 모두 이렇게 말했습니다.

"인생은 50까지다."

그런데 지금은 어떤가요? 80살까지 사는 사람은 보통이고, 100살을 바라보는 사람도 많습니다. 이제는 아무도 인생이 50까지라고 생각하지 않지요. 아직은 100살을 넘겨 사는 일이 흔치 않지만, 뭐 어떻습니까? 내가 그 정도 나이가 되었을 때 획기적인 방법이 발견되어 인간의 수명이 200살로 확 늘어날지도 모르니까요.

나는 눈앞에서 인간의 수명이 50년에서 100년으로 늘어난 것을 목격했습니다. 그러니 100년이 200년이 되지 말라는 법도 없지요. 최근의 의학 발달은 눈이 부실 정도입니다. 현대의학이 1년 동안 해낸 일들이 과거의 100년과 맞먹을 정도니까요. 아직도 이런 일들

운 좋은 놈이 성공한다

을 부정적으로 받아들이며 인간의 수명이 기껏해야 100년을 넘기지 못할 거라고 믿는 사람도 많습니다. 반면에 나처럼 '인생 200살'을 이야기하는 사람도 있지요. 어떤 선택을 하든 그건 당신의 몫입니다.

아직도 많은 이들이 자신의 인생이 80살 정도에 막을 내릴 거라 여깁니다. 그래서 40살 무렵부터는 내리막길만 남았다고 생각하지요. 앞으로 몇 년이나 더 살 수 있을까 고민하는 건 그 사람들의 인생일 뿐입니다. 나는 200살까지 살 거라고 믿고 있기 때문에 앞으로 100년은 살 날이 더 남았다고 여기며 느긋한 나날을 보내고 있습니다. 뭐, 그러다가 100살을 넘기지 못할 수도 있겠지요. 상관없습니다. 앞으로 몇 년이나 더 살지 고민하며 하루하루를 정신없이 보내는 사람들보다는 내가 훨씬 이득이니까요.

매일 죽음을 향해 달려가는 사람보다는 나처럼 100년은 더 남았다며 긍정적으로 사는 사람이 훨씬 즐거운 인생을 엮어갈 수 있습니다. '인생 50년'이 상식이었을 무렵에도 '인생 100년'을 외치던 사람들이 있었습니다. 주위의 비웃음도 많이 샀지요. 그 사람들 가운데 지금껏 건강한 노년을 누리는 이들이 많습니다.

새처럼 하늘을 날고 싶다는 소망은 오래전 많은 이들의 놀림거리였습니다. 하지만 그 소망이 결국 비행기의 발명으로 이어졌지요. 나는 젊었을 때 언제나 이렇게 큰소리를 쳤습니다.

"한 달에 2억 원을 버는 사람이 될 겁니다."

돌아온 건 비웃음뿐이었지요. 하지만 지금 나는 한 달에 수십억 원을 법니다. 상식은 그저 상식일 뿐입니다. 오늘의 상식이 내일도 통하라는 법은 없습니다. 흘러가는 시간을 원망하지 말고 다가올 미래를 바라보세요. 어두운 밤, 가로등도 없는 캄캄한 길을 만나면 불을 밝히고 한 발 한 발 걸어나가야 합니다. 아무것도 보이지 않는다며 한구석에 쭈그리고 앉아 있으면 해낼 수 있는 건 아무것도 없지요. 앞일을 예측할 수 있는 사람은 없습니다. 살면서 긍정적인 마음조차 갖지 않는다면 등불 하나 없이 밤길을 가는 것과 마찬가지입니다. 캄캄한 길을 억지로 가다 보면 결국 진흙탕에 빠지고, 계속 정신없이 우왕좌왕할 뿐이지요.

 세 줄 요약

나는 200살까지 살 거라고 믿습니다.
그래서 매일같이 느긋한 나날을 보내고 있지요.
나처럼 긍정적인 사람이 훨씬 즐겁게 살 수 있답니다.

　　　　　　　　　　　　　운 좋은 놈이 성공한다

수박을 짜면 수박즙이 나온다

긍정적인 생각은 말을 바꾸고 운세도 바꿉니다. 말이란 마음속에 담고 있다가 입 밖으로 흘러넘치는 것입니다. 따라서 말은 파동 그 자체이며, 나도 모르게 내뱉은 말이 알고 보면 나 자신이지요.

"그 사람은 말은 심술궂게 해도 사실 마음은 착해."

이런 말은 아무 소용이 없습니다. 마음이 심술궂기 때문에 말도 그렇게 나오는 겁니다. 수박을 짜면 수박즙이 나옵니다. 수박을 짰는데 오렌지나 매실즙이 나오는 경우는 없습니다. 심성이 착한 사람은 절대 심술궂은 말을 하지 않는 법이지요.

심술궂은 사람은 늘 심술궂은 말만 하고, 질투심이 강한 사람은 늘 질투에 가득 찬 말만 합니다. 내가 어릴 때 좋아하던 '긴타로 사탕'이라는 간식이 있습니다. 엿가락처럼 길게 늘여놓은 모양인데, 어느 부분을 잘라도 똑같은 무늬가 나와서 신기해하던 기억이 납니다. 이 사탕과 마찬가지로, 긍정적인 사람은 어떤 상황을 만나도 늘 긍정적인 말을 합니다. 부정적인 사람은 아무리 좋은 상황에서도 부정적인 말만 내뱉을 뿐이지요. 누군가가 당신에게 이런 말을 했다고 해봅시다.

"어머나, 오늘 얼굴색이 왜 그래요?"

당신이 부정적인 사람이라면 분명 안절부절못하며 이런 생각을 할 겁니다.

'얼굴색이 좋지 않다고? 무슨 일이지? 혹시 병이라도 난 건 아닐까?'

하지만 당신이 긍정적인 사람이라면 크게 흔들리지 않고 웃으며 대답할 겁니다.

"괜찮아요. 얼굴색은 별로라도 몸 상태는 최고니까요."

신은 언제나 우리를 지켜보고 있습니다. 당신이 어떨 때 긍정적인

운 좋은 놈이 성공한다

말을 하는지, 또 어떨 때 부정적인 말을 하는지 계속 관찰하지요. 이런 말을 하는 사람들이 종종 있습니다.

"우리 회사에는 부정적인 사람이 너무 많아요."
"내 친구들은 온통 부정적인 사람들뿐이에요."

그러면서 자신이 부정적일 수밖에 없다고 변명하는 사람 역시 문제가 있습니다. 주변 사람들이 부정적인지 아닌지 하는 것은 상관하지 마세요. 그저 당신만 긍정적이면 됩니다. 자신이 긍정적인 사람이라고 아무리 우겨도 주변 사람들에게 휘둘릴 정도라면 대단한 긍정론자는 아닙니다. 사장님이 너무 부정적이라 근무 의욕이 생기지 않는다는 사람 역시 자신을 되돌아보는 게 좋습니다. 어쨌든 그런 사장님 밑에서 월급을 받는 것이니까요. 긍정적인 생각이 도무지 떠오르지 않을 상황이라면 자신에게 이렇게 말해보세요.

"분명 신이 나를 보고 계실 거야. 그러니 무슨 일이든 열심히 하자. 그러면 언젠가 좋은 점수를 받을 수 있겠지?"

아무리 자갈 속에 섞여 있어도 보석은 빛을 발합니다. 주변이 보석으로 가득 차야 자신이 비로소 보석이 될 수 있다고 생각하는 사람은 결코 빛날 수 없습니다. 기억하세요. 다이아몬드는 어디에 있든 다이아몬드입니다. 어떤 곳에 머물러도 항상 빛나는 사람이 되어보세요.

 세 줄 요약

금정적인 사람은 늘 긍정적인 말을 합니다.
부정적인 사람은 늘 부정적인 말만 내뱉지요.
긍정적으로 말하다 보면 어느새 당신의 운세가 바뀝니다.

운 좋은 놈이 성공한다

내가 곧 태양이다

길거리에서 마주친 낯선 사람이 당신에게 이런 말을 했다면?

"이쪽 길은 매우 불길합니다. 그러니 저쪽 길로 가세요."

신경 쓸 필요 없습니다. 여러분 자신이 태양이기 때문에 어디를 가든 항상 빛나기 때문입니다. 간혹 남들이 내뿜는 빛을 이용해 덕을 보려는 이들이 있습니다. 아무 소용 없는 행동입니다. 한두 번은 효과가 있다 싶어도 그리 오래가지는 않기 때문입니다.

인간은 끊임없이 배우는 존재입니다. 그 과정을 거치면서 시기도 알고, 질투도 배웁니다. 이 과정은 계단과 같은 모양이라 차근차근 한 단계씩 밟아갈 수밖에 없습니다. 배우고 싶지 않은 단계라고 그냥 서 있다면? 그다음은 전혀 알 수 없게 되지요. 고통이나 질투의 단계를 그나마 빨리 벗어날 방법은 다른 사람으로부터 올바른 충고를 얻는 것입니다. 그러면 조금 신속하게 그 계단을 올라 다음 단계로 향할 수 있지요.

"두세 계단씩 밟아서 얼른 올라가면 되지 않을까요?"

이런 말을 하는 사람도 있을 겁니다. 문제는 그렇게 계단을 뛰어넘어도 아무 소용이 없다는 사실입니다. 첫 번째 계단을 오르고, 두 번째 계단을 오른 뒤, 폴짝 뛰어올라 네 번째 계단에 올라섰다고 해 봅시다.

"오, 세 번째 계단은 밟지 않고 뛰어넘었으니 시간과 노력을 아꼈는걸."

이렇게 기뻐해봤자 그것은 당신만의 착각입니다. 폴짝 뛰어넘어 네 번째 계단에 도달하는 순간, 그 계단은 세 번째 계단이 됩니다. 인생에는 절대 에누리가 없기 때문입니다. 그저 눈앞에 있는 계단을 하나하나 밟고 올라가는 게 가장 빨리 오르는 방법입니다. 결코 서두를 필요가 없지요.

하얀 눈, 샛노란 해바라기, 붉게 타오르는 저녁노을. 모두 신이 칠한 색깔입니다. 마찬가지로 온통 다양한 색깔을 지닌 우리 개성

운 좋은 놈이 성공한다

도 신이 정성껏 칠해놓은 것입니다. 그러니 나만이 지닌 개성을 소중하게 여기세요. 행복한 사람이란 자신을 바꾸려 하지 않습니다. 신이 준 개성을 스스로 인정하고 즐겁게 살아가도록 하세요.

 세 줄 요약

인생에는 절대 에누리가 없습니다.
눈앞에 있는 계단을 하나하나 차근차근 올라가세요.
그게 가장 빨리 오르는 방법입니다.

03

부자가 되는 절대 성공법칙

불황의 수렁에서 벗어나려면

인간은 끊임없이 배우며 영혼을 한 단계씩 성장시킵니다. 이 과정에는 언제나 고난과 고통이 따르지요. 마찬가지로 국가도 성장 과정을 거칩니다. 그래서 호황이 있으면 불황도 있는 것입니다. 지금껏 사람들은 아침부터 밤까지 끊임없이 일하는 것만이 가치 있는 일이라 배웠습니다. 그 외의 방법으로 돈을 버는 것은 바람직하지 않다고 여겨왔지요.

나처럼 머리를 써서 돈을 버는 사람을 흔히 사업가라고 합니다. 사업가가 지혜를 제대로 발휘하면 수백 수천의 사람들이 덕을 봅니다. 일자리가 생기고, 경제가 활성화되기 때문입니다. 그런데도 사람들은 나 같은 사업가를 겉으로는 존경한다 말하면서도 속으로는 욕하는 경우가 많습니다.

운 좋은 놈이 성공한다

"저렇게 쉽게 돈을 버는 것을 보면 그리 좋은 사람은 아닐 거야."

그러면서 틈만 나면 흠을 들춰내거나 바닥으로 끌어 내리려고 요란을 떱니다. 이런 상황에서는 사업가가 지혜를 발휘하기가 힘이 듭니다. 정부도 자꾸만 규제를 남발하고, 사업으로 쉽게 돈을 벌지 못하는 환경을 만들지요. 새로운 생각을 하찮게 여기고 남들이 만들어놓은 것만 흉내 내면 그나마 벌어놓은 돈도 멀리멀리 달아납니다. 국가도 마찬가지입니다. 창조하는 능력을 소중하게 여기지 않는 분위기는 결국 그 나라를 후퇴하게 만듭니다. 결국 경제도 망가지게 마련이지요. 그런 분위기 탓에 경제 불황을 겪고 엄청난 수업료를 내고 있는 나라도 많습니다.

경제에 관해 여러분에게 들려줄 중요한 이야기가 있습니다. 바로 아무리 큰 은행이라도 무턱대고 믿어서는 안 된다는 것입니다. 정부는 늘 은행의 체질을 개선하겠다며 목소리를 높이지만 전부 말뿐입니다. 은행 스스로 자구책을 마련하고 있기는 하지만 그렇다고 감시를 게을리해서는 안 됩니다. 내 돈을 맡겨야 하는 만큼 그곳의 내부 사정을 눈여겨보아야 합니다. 은행의 자금 운용 방법, 내부 사정 등 각종 정보를 파악하고, 세밀한 부분까지 꼼꼼하게 살펴본 뒤 예금할 은행을 결정하는 것이 좋습니다. 개인이 경제 공부를 열심히 할수록 은행도 정신을 바짝 차릴 수밖에 없습니다.

"저 은행에 돈을 맡기면 안 돼. 금리는 높지만 위험하거든."

이런 말을 듣지 않기 위해서라도 은행도 열심히 일할 수밖에 없으니까요. 불황이 계속되어 좀처럼 경제가 회복되지 않는 이유는 아직도 공부가 부족하기 때문입니다. 개인이든, 은행이든, 정부든 경제 공부를 게을리해서는 안 됩니다. 상황은 끊임없이 바뀌고, 새롭게 적응해야 하는 경우가 자꾸만 생기기 때문이지요.

예전에는 머리 모양이 단정하지 않은 사람도 음식점에서 일할 수 있었습니다. 하지만 이제는 위생을 최우선으로 여기는 만큼 단정하지 않은 사람은 어디에서도 환영받지 못합니다. 인사하는 태도도 마찬가지입니다. 내가 젊었던 시절에는 태도가 좋지 않아도 회사에 들어가는 데 별다른 문제가 없었습니다. 하지만 지금은 면접을 통해 그런 사람을 철저하게 걸러냅니다. 동료에게 인사하지 않는 사람이 고객을 배려할 리가 없기 때문이지요. 이렇게 세상은 바뀌고, 우리는 끊임없이 배우며 성장해야 합니다.

한 가지 더 이야기할 게 있습니다. 우주의 법칙을 기억하라는 것입니다. 배우는 과정에서는 어쩔 수 없이 괴로움이 생깁니다. 그런데 이 괴로움은 신이 우리를 사랑하고 있다는 증거입니다. 그러니 배움을 멈추지 마세요. 그 과정을 통해 우리의 영혼은 한 걸음씩 성장해 나간답니다.

운 좋은 놈이 성공한다

 세 줄 요약

불황이 계속되는 이유는 아직도 공부가 부족하기 때문입니다.

개인이든, 은행이든, 정부든 경제를 열심히 공부해야 합니다.

그래야 사업가가 늘어나고, 나라 전체에 돈이 풍부해집니다.

즐겨야 성공한다

세월이 가면서 한 사람의 생각이 변해가듯 사회의 분위기도 점차 바뀌어갑니다. 예전에는 쉴 새 없이 노력하는 것만으로 웬만한 일을 해낼 수 있었습니다. 하지만 이제는 단순한 노력만으로 성공을 거두기란 불가능합니다. 하지만 여전히 노력과 자본을 끝도 없이 투입하며 실적을 올리기 위해 애쓰는 회사가 많습니다. 안타까운 일이지요. 아직도 옛 생각에 사로잡혀 회사를 이끄는 사람들은 시대의 변화를 알아채지 못하고 엉뚱한 곳에 에너지를 낭비합니다.

학생들이 모여앉은 교실 풍경을 떠올려보세요. 학교에는 정해진 시간표가 있고, 그 시간표에 따라서 선생님이 수업을 이끌어갑니다. 정해진 시간에 필요한 수업을 듣는 것만으로도 충분히 지식을 쌓을 수 있는데, 교실에는 언제나 쓸데없이 에너지를 낭비하는 학

운 좋은 놈이 성공한다

생들이 있습니다. 영어 시간에 수학 문제집을 꺼내놓고 몰래 문제를 풀고, 수학 시간에는 영어 단어장을 펼쳐놓고 단어를 외우는 그런 학생들 말이지요. 정작 중요한 것은 무엇인지 알지 못한 채 괜한 노력을 기울이는 사람들은 삶이 엉뚱한 방향으로 흘러가도 그 사실을 좀처럼 알아채지 못합니다. 그렇다면 일할 때 가장 중요한 것은 무엇일까요? 바로 즐거운 마음으로 재미있게 임하는 자세입니다.

나에게는 10명의 제자가 있습니다. 나는 제자들에게 회사를 운영하는 마음가짐을 알려주었습니다. 그들 모두 나처럼 백만장자가 되었지요. 여기서 기억해야 할 것은 돈을 버는 방법을 알려준 게 아니라는 사실입니다. 나는 제자들에게 영혼을 풍요롭게 만드는 법을 가르쳐주었습니다. 그 방법을 배운 뒤 제자들은 즐겁게 생활하기 위해 애썼습니다. 그 결과 회사는 자꾸만 성장해 나갔고, 자연스레 버는 돈도 늘어났습니다. 그들이 큰 성공을 거두는 동안 나 역시 일본 최고 부자의 자리에 오를 수 있었습니다.

즐겁게 생활하는 게 성공의 비결이라는 내 말에 의문을 갖는 사람도 있을 겁니다. 아주 간단한 이치입니다. 사장이 즐겁게 일하면 사원들도 저절로 즐거워집니다. 일하는 재미가 커지겠지요. 그런 사람들이 만든 제품에는 긍정적인 기운이 담깁니다. 그리고 그 기운이 고객에게 고스란히 전달되지요. 그러면 사방에서 이런 말이 들려오게 됩니다.

"참 신기해. 이 회사의 제품을 쓰면 즐거운 마음이 생긴단 말이야."

그런 곳이야말로 세계 최고의 회사가 될 자격이 생깁니다. 성공하고 싶다고요? 그렇다면 모두가 '재밌다'고 느낄 수 있는 스토리를 만들어야 합니다. 힘들다고 느낄 때는 절대 재미있는 일이 떠오르지 않습니다. 즐기면서 일해야 성공이 시작됩니다.

 세 줄 요약

나에게는 10명의 제자가 있습니다.
나는 그들에게 영혼을 풍요롭게 만드는 법을 가르쳐주었지요.
다들 즐겁게 일하면서 나처럼 백만장자가 되었답니다.

운 좋은 놈이 성공한다

칭찬이 행복을 부른다

"사람들을 만나면 무슨 말부터 꺼내야 할지 모르겠어."

이제 이런 고민은 버리세요. 상대가 스스로를 중요한 사람이라 여길 수 있는 말, 그러니까 칭찬 거리를 찾아내는 게 당신이 해야 할 일이니까요. 누구든 칭찬받는 걸 좋아합니다. 칭찬을 들으면 자신이 중요한 사람이란 생각이 들기 때문입니다. 진심 어린 칭찬은 마주 앉은 사람을 행복하게 하고 분위기를 즐겁게 만들어줍니다. 그런데도 이 간단한 일을 사람들은 잘 해내지 못합니다. 상대의 장점보다는 결점을 찾아내는 데 익숙하기 때문입니다.

누구든 중요한 존재가 되고 싶어합니다. 내가 그런 마음을 지녔다면 상대도 마찬가지입니다. 그런데도 사람들은 상대를 깎아내리며 나를 드러내려 합니다. 하지만 이런 일에 에너지를 낭비해서는 안 됩니다. 타인의 중요성을 빼앗는다고 해서 나의 중요성이 채워지는 건 아니니까요. 남의 결점을 찾아냈다고 나의 생활이 향상되는 것도 아닙니다. 그런 일에 소비할 열정이 있다면 차라리 다른 곳에 에너지를 쓰는 게 좋습니다.

내게도 도움이 되고 다른 사람들도 기뻐할 일을 찾아내는 데 모든 노력을 기울이세요. 그러면 저절로 세상이 당신을 칭찬할 것입니다. 기억해야 할 것은 내가 중요한 사람이 될수록 남을 칭찬하기도 쉽다는 것입니다. 내가 중요한 사람이 아니라면 어떻게 하느냐고요? 괜찮습니다. 조금의 정성만 있으면 상대를 칭찬하는 건 어렵지 않습니다.

"오늘 얼굴색이 아주 좋은걸."
"머리카락에서 윤기가 흐르는 게 참 보기 좋다."

이런 간단한 이야기만으로 상대의 하루를 행복하게 해줄 수 있습니다. 처음엔 일주일에 한 명의 장점을 찾아내는 것도 벅찰지 모릅니다. 하지만 노력을 기울이면 하루에 다섯 명을 칭찬할 수 있게 됩니다. 그만큼 내 주변에서 행복의 기운이 솟아나겠지요. 신은 언제나 여러분을 지켜보고 있습니다. 여러분이 자꾸만 남들을 칭찬하면 그에 합당한 보상을 내립니다. 여러분이 더 많은 돈을 벌게 해주고

운 좋은 놈이 성공한다

운도 좋아지게 해주는 것이지요.

　기억할 것은 성공했다고 우쭐해져서 남을 칭찬하는 일을 멈춰서
는 안 된다는 것입니다. 만약 당신이 운전사가 모는 고급 승용차를
탈 정도로 크게 성공한다면, 운전 기사에게도 항상 작은 칭찬의 말
을 건네도록 하세요. 그 사람의 마음속에 기쁨이 차오를 것입니다.
그런데 자신이 성공했다고 해서 안하무인의 태도를 보인다면?

　"나는 이렇게 큰 차를 탈 정도로 중요한 사람이야. 더는 남들을
칭찬할 필요가 없지."

　이렇게 자신만 중요하게 여긴다면 얼마 지나지 않아 가진 것을 모
두 **빼앗길** 수 있습니다. 그러니 계속 상대의 장점을 찾아내어 칭찬
하도록 하세요. 신은 언제나 우리를 지켜보고 있으니까요. 더군다
나 사장이 하는 칭찬은 듣는 사람에게 더 큰 기쁨을 주게 마련입니
다. 중요한 사람이 하는 칭찬은 값어치가 있게 마련이니까요.
　일본에서 세금을 가장 많이 내는 사람이 된 뒤, 나는 다른 사람을
칭찬하는 일이 쉬워졌습니다. 함께 식사만 해도 다들 즐거워하며 나
와 보내는 시간을 소중하게 여기기 때문입니다. 누구든 자신이 중
요한 사람으로 대접받는다는 생각이 들 때 행복해하게 마련입니다.

"자네 같은 인재가 우리 회사에 들어와서 정말 다행이야."

이런 말을 상사에게 들으면 얼마나 기쁜 마음이 들까요? 나를 이렇게 중요하게 여기는 회사에서 더 열심히 일해야겠다는 생각이 들 것입니다. 그런 마음으로 즐겁게 살아가다 보면 영혼의 단계도 덩달아 올라가지요. 칭찬은 이렇게 듣는 이의 마음을 풍요롭게 해줍니다. 그 사람이 엮어가는 삶의 질도 높아지게 하지요. 그러니 지금 당장 곁에 있는 사람을 칭찬하세요. 자신을 중요하게 여기는 사람이 하나라도 더 늘어나게 만드는 것이 바로 당신의 사명입니다. 이런 방법을 통해 나는 지금껏 수많은 사람을 행복하게 해주었습니다. 예전에는 상대의 장점을 찾아내어 칭찬해주었고, 지금은 누군가와 시간을 보내는 것만으로 그 사람을 기쁘게 합니다. 우리 회사의 직원들은 나와 보내는 시간을 즐거워합니다. 이유는 하나입니다.

"나는 정말 중요한 사람이구나!"

말과 행동으로 직원들에게 이런 마음이 들게 해주기 때문입니다. 나를 하찮게 여기는 이를 위해 일하고 싶어 하는 사람은 없습니다. 그런 사람과는 자연스레 멀어지게 마련입니다. 남들이 그 사람을 아무리 훌륭하다고 말해도 아무 소용이 없지요. 다시는 만날 생각이 들지 않습니다. 세상이 움직이는 이치는 한결같습니다. 야단

운 좋은 놈이 성공한다

만 치는 사장을 위해 마음을 다할 사원은 어디에도 존재하지 않습
니다.

누구를 만나든 진심으로 칭찬하세요. 나와 상대가 함께 행복해지
는 가장 쉬운 방법입니다.

세 줄 요약

누구든 중요한 존재가 되고 싶어 합니다.
칭찬은 나와 남을 기쁘게 할 수 있는 가장 좋은 방법입니다.
조금만 정성을 기울이면 언제든 상대를 칭찬할 수 있답니다.

믿어주면 성장한다

"일도, 회사 경영도 무조건 간단한 게 좋습니다."

이런 내 말에 대부분은 화를 낼 것입니다. 고생하며 회사를 키운 사람일수록 이런 내 이야기가 말도 안 된다며 반발할 게 틀림없지요. 하지만 이것은 엄연한 사실입니다. 우리 회사에는 제품을 주문받는 '주문팀'과 제품을 포장하는 '포장팀'이 있습니다. 나는 주문팀과 포장팀 직원에게 업무 지시를 해본 적이 없습니다. 그저 이렇게 말하는 게 전부지요.

"여러분은 자랑스러운 주문팀 직원입니다. 고객을 가장 가까운 곳에서 만나는 중요한 존재이지요. 세상에서 가장 믿음직스럽고 상냥한 주문팀 직원이 되려면 어떻게 하는 게 좋을까요? 함께 이야기를 나눠보세요."

그러면 직원들이 열띤 토론을 벌이며 다양한 의견을 내놓습니다.

"억지로 물건을 권하지 말자."
"마음에서 우러나오는 미소로 고객을 대하자."
"제품의 효능을 정확하게 기억하자."
"고객에게 더 큰 도움을 주기 위해 항상 공부하자."

이렇게 결정한 사항들이 스스로 지켜야 할 규율이 됩니다. 명령을 받기보다는 스스로 결정해서 실천할 때 능률이 오르는 법이지요. 만약 당신이 의류 매장의 책임자라고 해봅시다. 보통은 판매팀 직원에게 이렇게 명령을 내릴 겁니다.

"그 옷이 이번에 많이 입고되었으니 무조건 열심히 팔도록 해요!"

그런데 만약 이렇게 말한다면 어떤 일이 벌어질까요?

"다음 시즌에는 어떤 옷이 잘 팔릴까요? 각자 샘플을 보고 한 벌씩 결정해보도록 하세요."

그렇게 직원들이 결정한 옷이 입고되면 다들 남다른 의욕을 발휘할 것입니다. 누구든 자신이 들여온 옷에 애정을 갖기 때문입니다. 손님에게 옷을 권하는 태도도 정성스러워지지요.

예전에는 매장에 들어온 사람에게 물건을 권하면 억지로 판매할 수 있었습니다. 힘들게 권하는 직원에게 미안한 마음이 들어서 지갑을 열었기 때문입니다. 하지만 이제는 분위기가 달라졌습니다. 사람들은 예전보다 쇼핑을 즐기지만, 강매는 질색합니다. 스스로 행동하는 걸 좋아하고, 명령받는 것을 싫어하지요. 그러니 직원들에게도 강요하지 마세요. 직접 규칙을 만들도록 격려하고, 지키도록 믿어주기만 하면 됩니다.

직원이 업무를 정하는 회사는 절대로 망하지 않습니다. 스스로 결정한 만큼 최선을 다하기 때문입니다. 부하의 등을 떠밀며 야단치는 상사를 일 잘하는 사람으로 착각하는 회사도 많습니다. 하지만 직원의 마음을 강제로 움직일 방법은 없습니다. 윗사람이 할 일은 강요가 아닙니다. 끊임없이 칭찬하고 격려하는 것이 윗사람의 역할입니다.

우리 회사에는 '신기록 기록판'이라는 게 있습니다. 직원들이 해낸 일을 칭찬하기 위해 만든 것이지요. 신기록을 세운 직원이라면 누구나 이 기록판에 이름이 오르고, 크게 칭찬을 받습니다. 지난달

운 좋은 놈이 성공한다

에 제품 100개를 판매한 직원이 이번 달에 101개를 팔았다면 그 직원은 물론 이 기록판에 이름이 오릅니다. 그런데 지난달에 제품을 한 개도 팔지 못한 직원이 이번 달에 1개를 팔았다면 그 직원 역시 기록판에 이름이 오르고 모두에게 박수를 받습니다. 전국에 있는 다른 매장의 사장들에게 축하 메시지도 받습니다. 단 한 개를 팔아낸 직원 역시 신기록을 세운 것이니까요!

그런데 회사를 운영하는 사람들은 칭찬에 매우 인색합니다. 물건 하나를 파는 것도 몹시 힘든 일인데, 50개를 팔아낸 직원에게도 좀처럼 격려의 말을 건네지 않습니다. 오히려 이렇게 말하기 일쑤입니다.

"아니, 지난달에 100개를 팔지 않았나? 그런데 왜 이번 달에는 겨우 50개밖에 팔지 못했지?"

그러면서 판매왕을 달성한 직원과 끊임없이 비교를 해댑니다. 이런 일이 반복되면 직원들의 의욕은 나날이 떨어집니다. 자연스레 실적도 하락하지요. 영업이 중요한 회사에서는 흔히들 우수사원을 챙기고 나머지 사원들은 없는 사람 취급을 하는 경우가 많습니다. 그런데 이것은 매우 어리석은 행동입니다. 한 부서에 우수사원은 아무리 많아봤자 서너 명에 불과합니다. 나머지 사원들도 잘 하고 싶은 마음은 얼마든지 있습니다. 우수사원이 아니더라도 윗사람이 칭찬하고 격려해주면 근무 의욕이 한층 높아집니다. 일하는 게 즐거워지기 때문입니다. 우수사원 한 사람이 한 번에 10개의 물건을 파는 것도 훌륭하지만, 일반 사원 10명이 물건 한 개씩을 파는 것도 훌륭합니다. 모두 회사의 성장으로 이어지기 때문입니다.

윗사람 노릇을 한답시고 직원에게 화를 내는 행동은 절대 해서는 안 됩니다. 큰 목소리로 상대의 마음까지 움직일 수는 없는 노릇이니까요. 상사에게 혼이 나서 울적한 마음으로 손님을 즐겁게 대하는 건 불가능합니다. 윗사람은 칭찬만 해주면 됩니다.

"이번에 또 신기록을 세웠군요. 대단한데요!"

이 말 한 가지면 충분합니다.

"항상 정신 차리세요!"
"노력하면 누구나 할 수 있습니다!"

괜스레 이런 말로 직원의 기를 죽이면 안 됩니다. 칭찬은 듣는 이를 행복하게 합니다. 일단 신기록을 세워본 사람은 그 기쁨을 또 맛보기 위해 스스로 목표를 세우게 마련입니다. 어떤 상황에서도 격려의 말을 멈추지 마세요. 칭찬과 믿음은 성장의 열쇠입니다.

——————— 운 좋은 놈이 성공한다

 세 줄 요약

직원이 스스로 업무를 결정하는 회사는 절대 망하지 않습니다.
스스로 결정한 만큼 최선을 다하기 때문입니다.
끊임없이 칭찬하고 격려하는 것이 윗사람의 올바른 역할입니다.

진심 없는 칭찬은 헛소리에 불과하다

직원을 칭찬하고 격려하는 건 무척 중요합니다. 하지만 이 방법을 사용한다고 해서 모두가 성공하는 것은 아닙니다. 돈이나 잔재주로는 결코 사람의 마음을 움직일 수 없기 때문입니다. 지금껏 내가 말한 방법은 넉넉한 마음으로 직원들이 즐겁게 일하기를 바라는 염원에서 나온 지혜일 뿐입니다. 나는 직원들과 이야기를 나누는 걸 무척 좋아합니다. 다 함께 온천 여행을 가기도 하지요. 나는 직원들을 동료로 여깁니다. 이들은 돈으로는 살 수 없는 아주 소중한 존재입니다. 내가 내보이는 말과 행동은 모두가 즐겁게 일할 수 있도록 머리를 쥐어짠 결과물입니다. 직원들이 일하게 만들도록 수를 쓴 게 결코 아닙니다. 이 방법은 마음이 넉넉한 사람이 이용해야 효과를 볼 수 있습니다. 그저 일을 시키기 위해 도입한다면 결코 성공하지 못합니다. 진심이 담기지 않은 칭찬은 누구의 마음도 움직이지 못하기 때문입니다.

사원의 능력을 올바르게 인정하는 회사라면 즐겁게 일하는 분위기를 소중히 여기게 마련입니다. 학력과 상관없이 성취한 목표를 제대로 평가하지요. 시대를 막론하고 직원들이 바라는 것은 한결같습니다. 즐겁게 일하고, 자신이 해낸 것을 제대로 인정받으며, 약간은 떠들썩한 분위기의 회사를 좋아합니다. 회사에 즐거운 일이 많으면 우수한 인재가 모여들고, 고객도 이런 회사의 물건을 좋아합니다. 인상을 쓰고 질책하며 실적을 강요하던 시대는 이미 지나갔습니다. 사원들이 좋아하는 회사는 절대 망하지 않습니다.

"이 회사에서 오래 일하고 싶어."

이렇게 말하며 모두가 열심히 일하기 때문입니다. 고객도 마찬가지입니다.

"이런 회사는 절대 망하면 안 돼."

누구나 이렇게 말하는 회사는 성공할 수밖에 없습니다. 직원도, 고객도 한마음으로 응원하는 회사에 좋은 에너지가 모여들기 때문입니다. 직원을 끊임없이 탓하며 일을 시키는 것보다는 넉넉한 마음으로 칭찬하는 게 훨씬 쉽습니다. 자신이 중요한 사람이라는 걸 직원 스스로 깨달을 수 있도록 격려하는 회사는 발전을 거듭합니다. 하지만 자신을 무능하게 여기도록 만드는 회사는 결국 사라지게 될 뿐입니다.

다른 사람을 탓한다고 내가 행복해지는 건 아닙니다. 회사에서 윗자리에 앉은 사람들은 입버릇처럼 말합니다.

"어느 곳을 둘러봐도 제대로 일하는 사람이 없어."

하지만 그건 직원들의 탓이 아닙니다. 모두 윗사람이 무능해서입니다. 직원들이 신나게 일할 수 있는 환경을 만들지 못했기 때문입니다. 사람들은 흔히 말합니다.

"사장이란 매우 고독한 자리야."

하지만 나는 그렇게 생각하지 않습니다. 지금껏 나보다 행복한 사장을 본 적이 없기 때문입니다. 나는 마치 게임처럼 회사 일을 즐기면서 하고 싶었습니다. 나와 함께 일하는 사람에게도 그런 환경을 만들어주고 싶었지요. 그래서 결심했습니다. 싫어하는 일을 시키면서까지 실적을 강요하지 말자고요. 마지못해 일하면 마음만 가난해집니다. 결과도 나쁠 수밖에 없습니다. 신나게 일할 수 있는 분위기

운 좋은 놈이 성공한다

를 만들어야 합니다. 사람들은 대부분 일을 마치면 집에 가서 TV를 보거나 동영상을 시청하며 휴식을 취합니다. 사장의 역할은 이런 것보다 훨씬 재미있는 일을 열심히 생각해내는 겁니다. 직원보다 다섯 배, 열 배 많은 월급을 받으면서 생각을 게을리해서는 안 됩니다. 사장은 당연히 이 정도는 노력해야 하는 겁니다.

 세 줄 요약

진심이 담긴 칭찬은 듣는 이의 마음을 움직입니다.
직원은 돈으로 살 수 없는 아주 소중한 존재입니다.
이들을 진심으로 칭찬할 때 회사가 비로소 발전하지요.

세금을 낼 때는 즐겁게 게임처럼

요즘 들어 주변에서 걱정이 많습니다. 의도치 않게 백만장자 타이틀이 따라붙다 보니 범죄의 표적이 될 수도 있기 때문입니다. 돈이 필요한 사람들 입장에서는 경비가 삼엄한 은행보다는 나 같은 사람을 터는 게 훨씬 쉽겠다고 생각할 수도 있습니다. 그래서인지 종종 이런 말을 듣고는 합니다.

"사이토 씨, 이젠 제발 경호원을 데리고 다니세요."

나를 걱정하는 마음은 늘 고맙습니다. 하지만 자유를 구속당하는 일은 질색이라서 늘 정중하게 거절하지요. 그런데 문득 이런 생각이 들었습니다. 주위 사람들이 나를 걱정하는 것도 하늘의 계시가 아닐까 하고요. 그래서 곰곰이 생각하다가 근사한 아이디어 두 가지를 생각해냈습니다.

하나는 돈을 들고 다니지 않는 겁니다. 내 지갑은 언제나 비어 있습니다. 동네 식당에서 혼자 밥 한 끼 사 먹을 정도가 전부지요. 다른 하나는 가족과 주위 사람에게 당부를 해놓는 것입니다. 만일 나와 연락이 닿지 않으면 즉시 경찰에 신고하라고 일러두었습니다. 배고픈 늑대라도 돌부처를 씹지는 않을 테니까요. 돈 한 푼 없는 사람을 습격했다가 경찰에 쫓기는 신세가 되고 싶은 사람은 없을 것입니다.

이 두 가지를 실천하고 나서는 거짓말처럼 고민이 사라졌습니다. 사실 이렇게 책을 쓰고 있는 것도 예상 밖의 사건입니다. 나한테 책을 써달라는 요청이 들어오리라고는 꿈에도 생각하지 못했습니다. 나는 어떤 일이든 자연의 섭리에 따라 발생한다고 여깁니다. 그래서 책을 쓰는 일도 최대한 즐기면서 하려고 노력합니다. 내가 깨달은 막대한 부의 비결을 누구나 알기 쉽게 전달하는 것도 내 사명일 수 있으니까요.

이제쯤은 여러분도 알고 있겠지만, 나는 일본에서 세금을 가장 많이 내는 사람입니다. 이렇게 돈을 많이 벌다 보면 돈에 대한 감각이 많이 달라집니다. 300만 원을 월급으로 받는 사람이 있다고 해 봅시다. 그 사람이 실수로 10만 원을 잃어버렸다면 어떨까요? 물론 아깝긴 하겠지만 큰 문제는 생기지 않을 것입니다. 나처럼 3백억 원이 수중에 척척 들어오면 돈에 대한 감각이 무뎌집니다. 실제로 그 돈을 눈으로 본 것도 아니기 때문에 10억 원 정도는 어디로 갔는지 잘 모르는 경우도 많습니다. 매일같이 몇십억 단위로 이야기를 하다 보면 10억 원이 10만 원처럼 느껴지기도 하지요.

그래서일까요. 나는 세금에 대한 생각도 조금 다릅니다. 보통은 세금을 10만 원 정도 누락시켜도 큰 문제가 되지 않습니다. 미안하다는 사과 한마디와 함께 누락된 세금을 내면 되니까요. 하지만 내가 그런 실수를 하면 금세 그 사실이 언론에 보도되고, 탈세 혐의로 감옥에 가야 합니다. 그래서 나는 돈을 관리하는 직원에게 언제나 말합니다. 이것저것 머리 쓸 필요 없이, 있는 그대로 모두 적어놓으라고요. 그러면 일이 아주 쉬워지게 마련입니다.

아무리 많이 벌어봤자 어차피 죽고 나면 이승에 남겨 두어야 할 재산입니다. 그런데 탈세까지 하면서 돈을 벌겠다고 생각하면 너무 머리가 아파집니다. 그래서 난 그럴 생각이 전혀 없습니다. 그런 나를 보고 주위 사람들이 가끔 묻습니다.

"세상에…. 그렇게 세금을 많이 내면 억울하지 않으세요?"

난 그저 남들과 함께 즐겁게 일하는 걸 좋아할 뿐입니다. 그러니 얼마를 벌고, 그 결과 세금이 얼마나 나오는지는 별 상관이 없지요.

운 좋은 놈이 성공한다

가끔 장부를 조사하러 나온 세무서 직원과 마주칠 때가 있습니다. 그럴 때마다 나는 활짝 웃으며 이야기합니다.

"어서 오세요. 혹시 조사하다가 궁금한 게 있으면 언제든 물어보세요. 좀 더 꼼꼼하고 철저하게 조사해주시면 우리 회사에도 도움이 된답니다. 돈을 관리하는 직원들이 정신을 바짝 차려서 실수가 줄어들 테니까요!"

나는 항상 세무서 직원들이 어려운 시간을 내어 우리를 도와주고 있다고 생각합니다. 정말 고마운 일이 아닐 수 없지요. 다 쓰지도 못할 만큼 많은 돈이 매달 들어오는데, 탈세할 생각이 들 리가 있을까요? 세금을 아껴보겠다고 엉뚱한 궁리를 하다가 감옥에라도 가게 되면 그게 오히려 시간 낭비입니다. 세금을 10억 원 덜 내면 그만큼 이익이 늘었다며 기뻐할 수도 있습니다. 하지만 매달 50억 원씩 새로운 수입이 생기는데, 겨우 10억 원을 벌겠다고 감옥에 갈 위험을 감수할 필요는 없겠지요. 그렇게 잔머리를 굴릴 시간과 능력이 있다면, 차라리 일을 해서 100억 원을 더 버는 쪽이 훨씬 쉽습니다.

세무서 직원들은 탈세를 찾는 게 일입니다. 그런데 내가 탈세를 하려면 일하는 시간을 일부러 쪼개야 합니다. 일하는 시간이 얼마나 즐거운데 그런 일에 내 시간을 쓸 수 있을까요? 솔직히 나도 세금으로 나가는 돈이 아깝긴 합니다. 그렇게 큰돈을 직원과 고객을 위해 쓸 수 있으면 좋겠다고 생각하곤 하지요. 하지만 나라에는 법이 있고, 세금을 내야 하는 게 당연한 이치입니다. 그래서 나는 세금 내기를 게임이라고 생각하기로 마음먹었습니다. 그런 마음으로 즐기다 보면 저절로 문제는 해결되니까요. 매년 새해가 시작될 때마다 나는 직원들 앞에서 즐겁게 외칩니다.

"올해도 세금으로 전국 일등을 차지해봅시다!"

그러면서 직원들과 함께 국가를 상대로 즐거운 게임을 시작합니다. 이런 일들은 어떤 게임기로도 맛볼 수 없을 만큼 재미있습니다. 즐겁게 돈을 벌고, 그걸로 세금을 내고, 그 세금이 다른 사람들을 행복하게 만들기 위해 쓰인다고 생각하면 내 마음이 저절로 풍요로워지지요.

 세 줄 요약

아무리 돈이 많아도 저승에 가지고 갈 수는 없습니다.
탈세를 고민할 시간에 즐겁게 일할 방법을 찾는 게 낫지요.
재미있게 일하고 신나게 세금을 내도록 하세요.

운 좋은 놈이 성공한다

연어의 삶을 즐겨라

살다 보면 언제나 여러 가지 일이 생기곤 합니다. 가장 쉬운 해결책은 있는 그대로 문제를 인정하고 하나하나 처리해 나가는 것입니다. 하지만 대부분의 사람들은 그런 방식에 싫증을 내곤 합니다.

"이 정도면 됐어. 더 번다고 해서 평생 다 쓸 수 있는 것도 아니고. 세금으로 빼앗기는 건 더 싫어."

이렇게 말하면서 말이지요. 사실 부지런히 세금을 낸다고 해서 사람들의 칭찬을 받는 것도 아닙니다. 오히려 시샘을 받는 경우도 많습니다.

"꼬박꼬박 법을 지키고 세금을 내면서 좋은 소리도 못 듣는다니,

지금껏 왜 이런 고생을 해왔던 거지?"

이렇게 생각하기 시작하면 일하는 즐거움을 금세 잊고 맙니다. 그래서 하던 일을 쉽게 그만두게 되지요. 이런 상황을 해결할 방법은 긍정적인 마음가짐뿐입니다. 일단 성공의 길에 들어섰다면 발걸음을 절대 멈추지 마세요. 안타까운 건 뛰어난 사람들이 큰 성공을 경험한 뒤 이내 골프 같은 여흥에 빠진다는 것입니다.

어느 분야에서든 정상의 자리에 올라서면 주위의 견제가 심해집니다. 그런데도 사람들은 왜 높이 오르려고 하는 걸까요? 세계에서 가장 높다는 에베레스트산은 언제나 산악인으로 북적입니다. 정상에 오르는 영광을 이루기 위해 전 세계 사람들이 모여들기 때문입니다. 사실 에베레스트산 꼭대기에는 바윗덩어리뿐입니다. 하지만 그곳에는 정상에 올라선 사람만이 느낄 수 있는 즐거움이 있습니다.
연어는 언제나 있는 힘을 다해 강을 거슬러 올라갑니다. 분명 목적지에 다다랐을 때 말도 못 하게 큰 성취감을 느낄 것입니다. 사람에게는 여러 가지 즐거움이 있지만, 그 가운데 가장 큰 것은 단계를 올라설 때 느끼는 즐거움입니다. 특히 자신을 막고 있던 한계를 넘어설 때 느끼는 즐거움은 무엇과도 바꿀 수 없지요.

우리에게는 향상의 기쁨을 가장 큰 것으로 여기는 유전자가 입력

　　　　　　　　　　　　　　　운 좋은 놈이 성공한다

되어 있습니다. 하지만 대부분의 사람들은 이 기쁨을 알지 못한 채 살아가지요. 자신이 한계라고 생각했던 선을 넘어서는 즐거움은 대단합니다. 나는 언제나 스스로를 넘어서기 위해 일을 합니다. 하나의 한계를 넘어서고 나면 또 다른 한계를 넘어서고 싶어지지요. 나는 연어의 삶을 즐길 수밖에 없는 운명인가 봅니다.

 세 줄 요약

연어는 언제나 있는 힘껏 강을 거슬러 올라갑니다.
사람도 끊임없이 계단을 밟고 올라서야 하지요.
한계를 넘어서는 즐거움과 바꿀 수 있는 것은 없답니다.

부자에게도 나름의 역할이 있다

우주에는 고유의 법칙이 있습니다. 수많은 사람들이 정치, 전쟁, 경제를 인간이 좌우한다고 착각합니다. 그것은 틀린 생각입니다. 모두 우주의 힘으로 움직이는 것입니다. 연어가 온 힘을 다해 헤엄친 뒤 뿌듯함을 느끼는 것도, 인간이 자신의 한계를 뛰어넘을 때 더없이 기뻐하는 것도 모두 우주의 힘에 의해 그렇게 하도록 프로그램되어있기 때문입니다.

지구의 에너지는 한곳에 머무르지 않습니다. 세계의 역사를 살펴보면 그 사실을 뚜렷하게 알 수 있습니다. 번영을 구가하던 땅이 어떤 곳인지 찾아보면 그 시절의 에너지가 어디에 모여들었는지 알아챌 수 있지요. 근대의 역사를 살펴보면 유럽에 모여들던 에너지가 미국으로 방향을 바꾼 것을 알 수 있습니다. 그보다 이전에는 에너지가 아시아를 뒤덮고 있었습니다. 아시아의 번영이 유럽을 압도할

———— 운 좋은 놈이 성공한다

정도였으니까요. 지구의 에너지가 앞으로 어느 땅을 향해 움직일지
는 누구도 알 수 없습니다. 이 모든 것이 우주의 법칙에 따른 것이
니까요.

일본은 한때 미국으로 흘러 들어간 에너지의 수혜를 입었습니다.
맞습니다. 일본 전역을 뒤덮었던 거품 경제 시절을 이야기하는 것
입니다. 미국이 잠시 경제 불황을 겪고 있을 때, 한창 제조업으로
세계를 호령하던 일본이 전 세계 투자자의 주목을 받았습니다. 그
들 눈에는 안정적으로 돈을 모으는 일본 기업이 매력적인 투자처였
고, 그래서 너나 할 것 없이 일본에 돈을 쏟아부었습니다. 그러면
서 앞다투어 일본에 지점을 내기 시작했지요. 당시 세계 경제의 흐
름을 좌지우지하던 사람들은 미국과 일본에 금융기관을 갖고 있으
면 돈의 흐름에 아무 문제도 없을 것이라 확신했습니다. 전 세계 기
업이 도쿄로 몰려들었고, 나중에는 다른 지역의 땅값까지 급등하는
결과를 낳았습니다. 돈이 한꺼번에 쏟아져 들어오자 일본 전역에서
거품이 부풀어 올랐습니다. 어디에나 돈이 넘쳐났지요. 일본은 단
번에 대단히 부유한 나라가 되었습니다.

하지만 이렇게 외부적인 요인으로 한 나라의 경제가 부풀게 되면
이 상태를 유지하기가 힘이 듭니다. 자신의 힘으로 만든 게 아니기
때문에 경제 상황을 파악하는 데도 어려움을 겪습니다. 경제에 대

해 이해가 부족한 정부도 당시에 큰 실수를 했지요. 땅값이 올라서 돈을 벌거나 주가 상승으로 이익을 본 사람에게 엄청난 세금을 물린 것입니다. 예나 지금이나 일본 사람들은 직접 일해서 번 돈이 아니면 그것을 나쁘게 보는 습성이 있습니다. 겉으론 아무렇지 않은 척하지만, 속으로는 질투하며 욕을 하지요. 하지만 아이디어나 판단력만으로 돈을 버는 사업가도 경제 활성화에 큰 도움이 됩니다. 그렇게 번 돈이 재투자를 통해 시장에 다시 흘러 들어가기 때문입니다. 하지만 판단을 잘못한 정부 사람들이 사업가가 번 돈에 엄청난 세금을 부과해서 큰돈을 거둬들이는 바람에 그런 흐름이 뚝 끊어지고 말았습니다. 그 결과 거품이 꺼지고, 일본 경제는 바닥을 치기 시작했지요.

황금알을 낳는 거위에 관한 이야기를 들어본 적이 있을 겁니다. 옛날 어느 마을에 신기한 거위 한 마리를 기르는 사람이 있었습니다. 그 거위는 하루에 한 개씩 황금알을 낳았습니다. 거위 주인은 그 알을 내다 팔아서 부자가 되었지요. 그런데 하루는 이웃 사람이 찾아와 거위 주인에게 넌지시 말했습니다.

"그렇게 찔끔찔끔 황금알을 모으면 언제 큰돈을 벌겠어요? 거위 배를 갈라보세요. 분명 그 안에 황금이 가득 들어있을 거예요!"

운 좋은 놈이 성공한다

사실 그 이웃 사람은 샘이 나서 거위 주인을 부추긴 것이었습니다. 하지만 그 말에 솔깃해진 주인은 당장 거위의 배를 가르고 말았지요. 거위 뱃속에는 아무것도 들어있지 않았고, 결국 거위 주인은 황금알도 거위도 모두 잃고 말았습니다.

안타깝게도 사람들은 부자가 된 이들을 시기합니다. 부자는 부자 대로 다 쓰임이 있습니다. 그들이 새집을 짓고, 고급 차를 타고, 비싼 곳에서 밥을 먹으면 그 돈이 돌고 돌아 다른 사람에게도 흘러 들어갑니다.

"우리가 돈을 마음껏 쓰지 못하면 부자들도 그렇게 만들어야 해!"

이런 마음으로 정부를 압박해서 부자들의 돈줄을 죄면 결국 돈의 흐름이 멈춰 다들 못사는 상태가 되어버리고 맙니다. 때론 돈 많은 사람들이 이런 결과를 자초하기도 합니다. 세금 내는 걸 아까워하며 가진 돈을 쌓아 두기 때문입니다. 어차피 인간은 맨몸으로 태어나 맨몸으로 떠나야 할 운명입니다. 아무리 가진 것이 많아도 죽으면 모두 두고 떠나야 합니다. 그러니 괜스레 욕심을 부릴 필요가 없습니다.

주변 사람들이 가끔 내게 묻습니다. 왜 번 돈을 땅이나 건물을 사는 데 쓰지 않느냐고요. 그럼 나는 빙그레 웃으며 대답합니다.

"어차피 죽고 나면 저세상에 아무것도 가져갈 수 없는걸요."

땅이나 건물에 돈을 쓸 바에는 차라리 금덩이를 사는 게 더 나을 거라는 게 내 생각입니다. 나중에 죽을 때가 되어 주위 사람들에게 나눠주면 다들 기뻐할 테니까요. 10년 된 양복을 선물해보았자 받은 사람의 기분만 나쁘게 할 뿐입니다. 하지만 금덩이라면 10년 뒤에도 여전히 값어치가 있을 테니까요.

 세 줄 요약

부자가 번 돈은 경제 활성화에 도움을 줍니다.
그 돈이 재투자를 통해 시장에 다시 흘러 들어가지요.
거위의 배를 가르면 거위도, 황금도 결국 잃고 맙니다.

운 좋은 놈이 성공한다

겨울을 미리 대비하려면

학창시절에 공부를 잘했던 사람들은 대부분 정부 기관에서 요직을 차지하고 관료가 됩니다. 문제는 이 사람들이 경제에 무지하다는 사실이지요. 그들은 사업가가 번 돈을 거둬들이기에 급급할 뿐 경제가 돌아가도록 나라를 유지하는 데 힘쓰지 않습니다.

주식으로 벌어들인 돈에 고율의 세금을 물리면 당장은 나라 살림이 윤택해질 수 있습니다. 하지만 그건 눈앞의 이익에만 매달려 더 큰 것을 보지 못하는 결과를 초래합니다. 주식으로 번 돈에 세금을 물리지 않는 곳으로 금세 돈이 빠져나가게 되니까요. 그 나라에 자리를 잡았던 기업들도 다른 나라에 눈을 돌립니다. 인기가 높았던 건물들이 어느새 가치가 하락하게 되지요. 그게 바로 일본이 겪었던 거품 경제의 붕괴 과정입니다.

거품은 언젠가는 꺼지게 마련입니다. 그러니 불황도 예정된 수순이지요. 하지만 관료들이 조금만 더 똑똑했다면 거품이 서서히 꺼지게 할 방법을 찾아냈을 겁니다. 갑자기 거품을 터트린 뒤 당황해하며 국민들을 향해 하는 말이 겨우 이런 것뿐입니다.

"설마 이렇게까지 심각해질 줄이야…. 전혀 예상 밖의 상황입니다."

그저 기가 막힐 뿐이지요. 거품 경제가 한창일 당시, 나는 땅을 사겠다고 나서는 주변 사람들을 일일이 말렸습니다. 정부를 이끄는 관료들이 경제에는 먹통이라는 사실을 잘 알고 있었기 때문입니다. 얼마 지나지 않아 나의 말은 사실로 드러났고, 선견지명이 있다는 말을 여러 번 들었습니다. 분명히 이야기하지만, 내가 특별해서 그런 사태를 예상한 게 아닙니다. 나라를 좌지우지하는 관료들이 경제에 대해 잘 알지 못한다는 평범한 사실을 일찌감치 인식하고 있었던 것뿐이지요. 그저 열심히 일한다고 해서, 남들이 부러워하는 학력을 갖고 있다고 해서, 돈을 벌고 성공할 수 있던 시대는 이미 지나갔습니다. 개인이든 기업이든 남들이 못하는 생각을 하며 능력을 발휘해야 합니다. 그리고 그런 능력을 제대로 평가하며 정당한 대접을 해줄 때가 되었습니다. 하는 일 없이 자리만 차지하고 있는 사람은 이제 어느 곳에서도 환영받지 못하니까요.

얼마 전까지만 해도 일본의 경제는 온기로 가득 찬 봄이었습니다.

운 좋은 놈이 성공한다

그러다가 뜨거운 여름을 지나, 어느새 가을에 접어들었지요. 그런데도 다들 따뜻했던 시절의 기억에만 매달려 대비책을 마련하는데 게으른 모습을 보입니다. 찬바람이 불어오면 두꺼운 옷을 미리 준비해야 합니다. 괜찮다고 말하며 얇은 옷을 고집하면 금세 감기에 걸리고 맙니다.

머지않아 긴 겨울이 닥쳐올 것을 예상하지 못하면 추위에 대비할 시기를 놓칩니다. 난방에 필요한 기구든, 땔감이든, 따스한 털옷이든 가리지 말고 얼른 준비를 해두어야 얼어 죽지 않고 끝까지 살아남을 수 있습니다.

이는 너무나 당연한 이치인데도 아는 사람이 많지 않습니다. 너무나 안타까운 일이지요. 경제의 흐름도 우주의 법칙에 따릅니다. 그러니 시대의 흐름을 읽는 것도 어려운 일이 아니지요. 이 단순한 진리를 깨달아야 합니다.

 세 줄 요약

찬바람이 불어오면 두꺼운 옷을 준비해야 합니다.
괜찮다며 얇은 옷을 고집하면 결국 감기에 걸리지요.
다가올 경제적 겨울을 미리미리 대비해야 합니다.

04

풍요를 부르는 절대 성공법칙

우주의 법칙은 언제나 옳다

　인간은 우주의 법칙에 따라 움직입니다. 이 법칙을 거스르는 사람은 최소한 감기에 걸리거나, 별안간 다쳐서 고생하지요. 기억해두면 좋은 우주의 법칙이 또 한 가지 있습니다. 바로 사람이란 서두르는 것을 좋아하는 존재라는 것입니다.

　예전에는 다른 지역으로 이동할 때 걸어서 며칠을 가야 했습니다. 그러다가 기차가 등장하면서 하루 정도면 가능하게 되었지요. 이제는 고속 열차 덕분에 두 시간 정도면 웬만한 지역에 도달할 수 있습니다. 신기한 건 서둘러 이동하고자 하는 사람들의 욕망이 결코 사그라들지 않는다는 것입니다. 두 시간도 대단한데, 30분 만에 갈 방법을 궁리하고 있으니까요. 어디든 순식간에 도착하고 싶어 하는 마음은 사람이라면 누구나 갖는 욕구입니다. 이 욕구는 우주의 섭리라서 매우 자연스러운 것입니다. 그런데 간혹 잘난척하며 이렇게

———— 운 좋은 놈이 성공한다

말하는 이들도 있습니다.

"그렇게 빨리 갈 필요 없잖아?"
"어느 지역이든 30분 안에 도착할 수 있다면 세상이 얼마나 복잡해지겠어?"

이렇게 부정적인 사람에게 이런 말을 던진다면 어떤 대답이 돌아올까요?

"느리게 가도 상관없다면 미국에 갈 때 배를 타면 어떨까요?"

분명 비행기를 탈 거라고 말할 것입니다. 그들도 분명 다른 지역에 갈 때는 완행열차가 아닌 고속 열차를 선택하겠지요. 자신은 실천하지 못하면서 남들에게 그런 일을 요구하는 건 이기적인 사람이란 증거입니다. 이런 사람들의 삶은 모순으로 가득 차 있지요. 이기적인 사람들은 신의 목소리에 귀 기울이지 않습니다. 결국 고통을 겪게 되지요.

우주의 법칙은 매우 자연스러우며 그것을 따를 때 성공을 향해 손쉽게 다가갈 수 있습니다. 굳이 거스르려 하지 말고 흐름에 몸을 맡길 때 쉬운 성공의 길을 가게 됩니다.

세 줄 요약

사람은 누구나 목적지에 빨리 도착하는 것을 좋아합니다.

이것 또한 자연스러운 우주의 법칙이지요.

이 법칙을 따를 때 누구나 손쉽게 성공할 수 있습니다.

운 좋은 놈이 성공한다

기다림이 매력을 만든다

장사하는 사람들이 흔히 하는 실수가 있습니다. 바로 고객을 기다리게 하면 안 된다는 생각입니다.

"손님을 기다리게 하는 것은 도리가 아니야!"

이렇게 말하며 마음을 졸이는 사람들이 많습니다. 하지만 잘못된 생각입니다. 손님을 기다리게 만드는 것도 일종의 서비스이기 때문입니다. 누군가의 집에 방문할 때 달랑 쿠키 두 개를 사 들고 갔다고 생각해보세요. 받는 사람은 분명 불쾌하게 생각할 것입니다. 그런데 만약 그 쿠키가 두 달은 기다려야 살 수 있는 것이라면? 분명 받는 사람이 기쁨의 눈물을 흘릴 것입니다. 어떤 제품이든 마찬가지입니다. 기다림은 물건의 가치를 높여 줍니다. 나는 케이크를 그

다지 좋아하지 않지만, 만약 두 달이나 기다려야 겨우 살 수 있는 케이크가 있다면 분명 맛보고 싶어질 것입니다.

"오, 이게 두 달을 기다려야 살 수 있는 케이크란 말이지?"

이렇게 탄성을 내지르면서요. 우리 회사에서 만드는 제품은 자주 매진됩니다. 손님들은 어쩔 수 없이 한동안 기다려야 합니다. 그런데도 불평하는 손님은 없습니다. 다들 만족한 표정으로 돈을 내지요. 물론 고의로 그러는 것은 절대 아닙니다. 우리가 손님을 기다리게 할 수밖에 없는 이유는 제품을 만드는 과정 때문입니다. 나는 언제나 생각합니다.

'손님이 낸 돈보다 훨씬 값어치가 높은 제품을 드려야지. 5만 원을 냈다면 10만 원의 값어치가 있는 제품을, 10만 원을 냈다면 20만 원의 값어치가 있는 제품을 제공해야 해.'

우리 회사에서 만드는 제품에는 여러 가지 생약 성분이 들어갑니다. 값어치가 있는 제품을 만들기 위해서는 가장 질 좋은 성분을 찾아내야 하지요. 그런 성분은 모두 자연에서 자라는 식물에서 채취하기 때문에 기회가 일 년에 한 번뿐입니다. 어쩔 수 없이 한정판매를 할 수밖에 없습니다. 물론 고객을 기다리게 하지 않는 방법이 있

——————— 운 좋은 놈이 성공한다

습니다. 제품의 품질을 한 단계 낮추어 생산하면 됩니다. 그러면 대량생산을 할 수 있게 되어 기다림 없이 제품을 전달할 수 있고, 순식간에 큰돈을 벌어들이겠지요. 하지만 이익에 눈이 멀어 이런 짓을 벌이면 얼마 지나지 않아 우리 물건을 파는 매장은 파리를 날리게 될 것입니다. 고객은 매우 똑똑해서 금세 눈치를 채기 때문입니다. 고객을 만족시키지 못하는 제품은 결국 회사에 손해를 끼치게 됩니다. 당장 큰 이익을 보지 못해도, 고객을 기다리게 하는 것이 오히려 회사에 발전을 가져다줍니다.

"고객을 기다리게 하면 안 돼!"

이런 생각으로 장사를 하면 절대 좋은 결과를 거둘 수 없습니다.

집 근처에 사람들이 줄을 서서 사 먹는 빵집이 있었습니다. 그 빵집에서 가장 인기가 높은 제품은 치즈 케이크였는데, 아침 일찍 줄을 서야 겨우 점심때쯤 하나를 살 수 있었습니다. 그나마 오후가 되면 모두 팔려 나가서 좀처럼 맛보기가 힘들었지요. 그런데 어느 날 그 가게의 주인이 이런 생각을 했나 봅니다.

'손님을 몇 시간씩 기다리게 하다니…. 안 되겠어, 뭔가 방법을 찾아야 해!'

그러고는 설비를 확충해서 대량으로 치즈 케이크를 만들어낼 수 있는 시스템을 갖췄습니다. 더는 기다리지 않고 손쉽게 케이크를 살 수 있었지만, 어느새 고객의 발길이 뚝 끊기고 말았습니다. 결국 빵집은 문을 닫았지요. 치즈 케이크를 사기 위해 기다려야 하는 점이 지금껏 고객에게 만족감을 주었는데, 주인은 이 사실을 미처 알지 못했던 것입니다.

우리 회사가 성공한 것도 기다림과 함께 질 높은 제품을 제공했기 때문입니다. 좋은 제품이 있다고 아무리 외쳐도 물건을 판다는 건 사실 매우 어려운 일입니다. 생약 성분은 믿을 게 못 된다고 외면하는 사람도 많기 때문입니다. 그런데 우리 제품을 사기 위해 기다린 고객들이 다른 사람에게 들려준 말들이 오히려 큰 광고가 되었습니다.

"이 제품을 사기 위해 한참 기다려야 했어."

이 말을 듣고 오히려 사람들이 몰려들었습니다. 이처럼 좋은 제품으로 고객을 만족시키기 위해 애쓰다 보면 신이 반드시 선물을 줍니다. '기다려야만 살 수 있는 제품'이라는 매력이 바로 그것입니다. 내가 만들어낸 제품이 이 귀한 매력을 갖게 되었다면 절대 소홀히 해서는 안 됩니다. 그게 신이 주신 선물에 대한 도리입니다.

운 좋은 놈이 성공한다

 세 줄 요약

손님을 기다리게 만드는 것도 일종의 서비스입니다.
'기다려야 살 수 있는 제품'은 상당히 매력적이지요.
기다림은 물건의 가치를 높여 줍니다.

분주함이 손님을 부른다

　망하는 상점은 언제나 세 가지 공통점을 지니고 있습니다. 나는 그걸 '3대 낭비 요인'이라고 부릅니다. 바로 창고에 쌓인 재고, 놀고 있는 직원, 넓은 매장입니다. 고객은 한가해 보이는 매장에서는 절대 물건을 사고 싶어 하지 않습니다. 직원들이 끊임없이 바쁘게 움직이고, 줄을 서야만 물건을 살 수 있는 곳에 굳이 찾아가는 걸 좋아하지요.

　그런데 이 사실을 알지 못한 채 팔아야 할 물건을 창고에 잔뜩 쌓아 놓으면 그곳에서 한가한 파동이 솔솔 피어오릅니다. 또한, 직원 넷으로도 충분한 매장에 다섯 명을 고용하면 남은 한 사람이 한가한 파동을 뿜어내지요.

　매장을 운영하는 사람들이 착각하는 사실이 있습니다. 네 명이 할

　　　　　　　　　　　　　운 좋은 놈이 성공한다

일을 다섯 명이 나누어 하면 능률이 오를 거라 생각하는 것입니다. 틀린 생각입니다. 일을 나누면 각자 할 일이 적어집니다. 그러면 저절로 한가해져서 다른 직원에게 말을 걸거나 휴대폰을 만지작거리게 되지요. 열심히 일하는 사람까지 심란해지는 결과를 낳게 됩니다. 차라리 네 명이 할 일을 세 명이 하는 게 더 나을 수도 있습니다. 놀고 있는 사람을 쳐다보면서 괜스레 마음을 쓰는 것보다는 오히려 그편이 능률적일 테니까요.

장소 선택도 몹시 중요합니다. 땅값이 싼 지역의 점포는 괜스레 내부가 넓은 경우가 많습니다. 그러면 손님이 많아도 매장이 한산하게 느껴집니다. 저절로 한가한 파동이 나오게 되지요. 넓어서 손님이 드문드문 앉아 있는 가게보다는 좁아서 몇 명밖에 들어가지 못하는 가게가 인기가 많은 법입니다. 기다리는 과정을 통해 그 가게의 음식이 더 맛있게 느껴지기 때문입니다.

서서 기다리는 손님에게 미안한 마음에 갑작스레 가게를 두 배로 넓힌다면 어떤 일이 벌어질까요? 더는 서 있지 않아도 되니 손님에게 혜택이 돌아갈 거라 생각할 수 있겠지만, 모두 착각입니다. 줄을 서지 않아도 되는 가게는 한산한 느낌이 들어서 매력이 사라지기 때문입니다.

"나는 장사에 소질이 없어."

이렇게 말하는 사람의 가게를 들여다보면 일하는 공간을 지나치게 편리하게 구성해놓은 걸 발견할 수 있습니다. 주인이 편안하게 일하다 보니 한가한 파동이 솔솔 피어나고, 결국 손님이 찾지 않는 가게가 되는 것입니다. 어떤 매장이든 늘 분주해 보여야 합니다. 한가해 보이는 곳에는 손님이 들지 않습니다.

만약 자리가 10개밖에 없는데 손님이 계속 줄을 서면 한 자리 정도만 늘리는 게 좋습니다. 그렇게 11자리로 장사를 하다가 여전히 손님이 줄을 서면 또 한 자리를 늘립니다. 그러면 12명이 앉을 수 있겠지요. 이렇게 한 자리씩 늘리는 것이 가장 현명한 장사 방법입니다.

"그런 식으로 찔끔찔끔 자리를 늘리면 돈이 많이 들어요. 고치는 김에 확 늘리는 게 좋지요."

이런 생각이 장사를 실패하게 만드는 겁니다. 한꺼번에 늘린 공간이 한가한 파동을 만들어내어 손님을 내쫓으니까요. 기억하세요. 장사하는 곳은 분주해야 합니다. 바쁘게 돌아가는 곳에 손님은 줄을 서고 싶어지게 마련입니다.

운 좋은 놈이 성공한다

세 줄 요약

망하는 상점에는 '3대 낭비 요인'이 자리 잡고 있습니다.
쌓인 재고, 노는 직원, 넓은 매장이 바로 그것입니다.
한가한 파동을 뿜는 곳에는 절대 손님이 들지 않습니다.

지혜가 있어야 돈을 번다

사람들이 원하는 제품은 무엇일까요? 세상에는 세 가지 종류의 물건이 존재합니다. 첫째, 만드는 데 드는 돈보다 싸게 파는 떨이 상품입니다. 둘째, 원가보다 조금 비싸게 파는 일반적인 상품입니다. 셋째, 제대로 이익을 붙여서 원가보다 비싸게 파는데도 다들 사고 싶어 하는 상품입니다. 이 세 가지 가운데 어떤 상품을 만들어야 할지는 초등학교에 다니는 어린아이라도 뻔히 알 것입니다. 당연히 제대로 이익을 붙여도 모두 사고 싶어 하는 그런 상품이지요. 좋은 가죽으로 만들어 저렴하게 판매하는 가방도 많은데, 사람들은 왜 몇백만 원이나 하는 명품 핸드백에 눈을 돌릴까요? 그건 바로 우리 안에 자리 잡은 잘못된 소비 패턴 때문입니다.

사람들은 뭔가에 돈을 써야 할 때 결코 지혜롭지 않습니다. 가속

운 좋은 놈이 성공한다

과 정지 버튼이 반대로 붙어있는 것과 마찬가지지요. 그래서 꼭 필요한 일에는 돈 쓰는 걸 주저하고, 필요하지 않은 일에 돈을 쓰느라 바쁩니다. 한 가지 예로 의료비를 생각해봅시다. 국가 의료보험 체계가 잘 되어있는 나라에서는 개인이 부담해야 할 의료비가 얼마 되지 않습니다. 하지만 이런 정책을 계속 밀고 나가다 보면 나라 살림이 어려워질 수 있습니다. 하지만 정부가 새로운 의료비 정책을 시행하려고 하면 나라 전체가 들썩이며 난리가 납니다. 개인이 내야 할 의료비가 조금이라도 늘어나면 그 돈이 아깝다고 여기기 때문입니다.

하지만 그렇게 의료비를 아끼려고 애쓰는 사람들도 명품 가방이나 명품 의류 앞에서는 쉽게 지갑을 엽니다. 정작 필요한 소비에서는 허리띠를 졸라매고, 꼭 필요하지 않은 곳에는 돈을 쓰지요. 소비에 있어서는 어떤 사람이든 이렇게 잘못된 판단이 일반화되어 있습니다. 마치 가속 버튼과 정지 버튼이 거꾸로 붙어있는 것처럼 말이지요.

사람들은 자신에게 꼭 필요한 필수품보다는 마음의 허전한 부분을 채워주는 제품을 선호하는 경향이 있습니다. 그러면 마음을 채워주는 제품이란 어떤 것일까요? 비싸고 품질이 대단히 높은 상품, 비싸지는 않지만 자주 품절되어 기다려야만 살 수 있는 상품, 이 두 가지가 해당됩니다. 하지만 여기서 한 가지 일러둘 것이 있습니다.

마음을 채워주는 제품을 만들기 위해서는 상식을 뛰어넘는 지혜가 필요하지만, 지나치게 상식에서 벗어나는 아이디어는 아무 소용이 없다는 사실입니다. 눈에 띄는 상품이라도 사용하는 사람의 마음을 헤아리지 못하면 별 쓸모가 없습니다.

얼마 전에 아이디어가 넘치는 상품에 관한 기사를 보았습니다. 머리에 매다는 제품인데, 얼굴을 가리는 앞쪽 부분에 글씨를 쓸 자리가 있었습니다.

"잠시 졸고 있는 중. 시청역에서 하차 예정."

지하철을 이용할 때 자리에 앉아서 이 제품을 머리에 매달고 있으면, 앞에 서 있는 사람이 그 사람을 깨워줄 수 있겠다는 아이디어에서 착안한 제품이었습니다. 앉아 있던 사람은 졸다가 내릴 곳을 지나치지 않아서 좋고, 앞쪽에 서 있던 사람은 자리가 언제 비게 될지 예상할 수 있으니 도움이 될 거라는 생각에서 만들어진 재미있는 제품이었지요. 하지만 여기서 생각해야 할 점이 있습니다. 재치있는 아이디어가 빛나는 제품이기는 하지만, 과연 사람들이 이걸 돈 주고 기꺼이 사려고 할까요? 아니라고 생각합니다. 보기에는 재미있어도, 막상 자신이 그걸 머리에 매달 생각을 하면 얼굴이 뜨거워지기 때문입니다. 아주 엉뚱한 사람이라면 관심을 가질 수도 있겠지요. 하지만 부끄러움을 불러일으킬 제품을 기꺼이 살 사람은 별

운 좋은 놈이 성공한다

로 없습니다.

이처럼 상식을 벗어나는 제품은 고객의 외면을 받을 수밖에 없습니다. 그렇다면 상식을 뛰어넘는 제품을 만들어 고객의 사랑을 듬뿍 받기 위해서는 어떻게 지혜를 발휘해야 할까요? 일단은 고객의 마음을 잘 아는 것이 중요합니다.

요즘 들어 반려동물을 키우는 사람들이 점점 더 많아지고 있습니다. 그래서 동물 전용 제품에 대한 소비도 늘어나고 있지요. 이러한 제품을 만들 때 물론 고양이나 개의 특성을 이해하는 것도 중요합니다. 사용 가능한 성분이 동물에 따라 다르기 때문입니다. 하지만 고양이 전용 샴푸를 만든다고 해서 고양이에 대해 집중적으로 연구하는 것만으론 부족합니다. 물론 고양이가 쓸 제품이기는 하지만, 그걸 정작 구매하는 건 고양이를 키우는 주인의 몫이기 때문입니다. 그래서 고양이를 위한 샴푸를 만들 때도 사람의 심리를 파악해야 합니다. 그래야 온갖 지혜를 짜내어 상식 이상의 제품을 만들어 낼 수 있습니다.

"자금이 부족해서 결국 사업을 접을 수밖에 없었습니다."

살다 보면 이런 이야기가 심심치 않게 들려옵니다. 하지만 이들이 실패한 원인은 돈이 없어서가 아닙니다. 바로 지혜가 없기 때문이지요. 지혜가 없으면 사람의 심리를 파악하지 못합니다. 그러니 돈도 벌지 못하고 사업에 실패할 수밖에 없지요. 성공하기 위해서는 지혜를 짜내야 합니다. 그것보다 중요한 일은 없습니다. 기억하세요. 돈을 투자하기 전에 반드시 지혜를 짜내야 합니다.

"아니, 사업을 한다는 사람이 그렇게 쩨쩨하게 굴면 쓰나요?"

이런 말을 하는 사람도 있을 겁니다. 절대 그렇지 않습니다. 지혜를 짜내면 천만 원으로 1억 원을 벌 확률이 높아집니다. 물론 사업을 하는데 지혜는 별로 필요 없다고 여길 수도 있습니다. 돈으로 밀어붙이면 10억 원으로 금세 20억 원을 벌 수도 있을 테니까요. 하지만 사업이란 언제나 쫄딱 망할 가능성을 염두에 두어야 합니다. 그럴 경우, 천만 원을 투자한 사람은 별 손해를 보지 않지만, 10억 원을 투자한 사람은 큰 손해를 보게 됩니다. 일을 시작하기 전에 온 힘을 다해 지혜를 짜낸 사람은 300만 원으로 3천만 원을 벌 방법을 찾아냅니다. 지혜를 짜내지 못한 사람은 10억 원을 들고 있어도 결국 본전도 찾지 못하지요.

이는 매우 간단한 이치입니다. 덧셈을 하지 못하는 사람이 곱셈이나 나눗셈을 할 수는 없으니까요. 10만 원으로 100만 원을 벌지 못하는 사람이 10억 원을 투자해서 100억 원을 벌 수는 없는 노릇입니다. 그런데도 사람들은 좀처럼 지혜를 짜낼 생각을 하지 못합니

운 좋은 놈이 성공한다

다. 아무리 애써도 지혜를 짜내지 못한다면 땀이라도 짜내야 합니다. 그래야 망하지 않습니다.

규모가 큰 곳에서 하는 일은 무조건 옳다고 믿는 이들이 많습니다. 그런 사람들은 대기업이 벌이는 일은 무조건 옳다고 여기지요. 하지만 규모가 커지면 지혜를 짜내서 새로운 일에 도전하는 데는 소극적이 됩니다. 물론 그 회사들도 과거에 작은 규모였을 때는 직원들의 열정과 모험심이 대단했을 겁니다. 하지만 막상 덩치가 커지면 모험심은 쪼그라들고 안정을 추구하는 경향이 많아집니다. 그곳에 지원하는 사람들도 안정을 원하는 경우가 많지요. 그러니 지혜를 짜내서 상식을 뛰어넘는 제품을 만들 자신이 있다면 대기업을 두려워할 필요가 없답니다. 그저 지혜를 짜내고, 땀을 흘리며, 즐겁게 주어진 문제를 풀어 가기만 해도 충분히 성공할 수 있으니까요.

참, 이것 한 가지는 꼭 말해두고 싶습니다. 사업을 하다 보면 소규모라도 직원을 채용할 일이 생기게 됩니다. 그런데 막상 함께 일을 하다 보면 지혜를 짜낼 생각은 고사하고 땀조차 흘리려 하지 않는 사람이 많습니다. 이런 사람은 절대 봐줘서는 안 됩니다. 전혀 도움이 안 될뿐더러 열심히 일하는 다른 직원들까지 맥빠지게 하기 때문입니다. 그러니 그런 사람은 당장 쫓아내는 게 좋습니다. 그래야 성공의 에너지가 몰려듭니다.

세 줄 요약

사람들은 마음의 허전함을 채워주는 제품을 선호합니다.

이런 제품을 만들기 위해서는 지혜가 필요하지요.

고양이 샴푸를 구매하는 것은 주인이란 걸 기억하세요.

——————— 운 좋은 놈이 성공한다

여자는 남자보다 힘이 세다

여성은 남성보다 강합니다. 내가 이 말을 하면 대부분의 남자들이 고개를 갸웃거릴 지도 모르겠습니다. 대체 무슨 말을 하는 거냐고 말이지요. 하지만 그렇게 잘난 척하는 남자들도 다들 어머니의 몸에서 태어납니다. 여성의 보살핌이 없었다면 이 세상에 존재하기 힘들었다는 사실을 쉽게 잊고 사는 것이지요. 우리 회사에는 여성 사원이 많습니다. 나는 언제나 말하지요.

"지금껏 우리 회사가 성장할 수 있었던 것은 모두 여성 사원분들 덕분입니다."

이 말에는 한 치의 거짓도 없습니다. 안타까운 건 많은 여성이 자신의 잠재력을 모른 채 살아간다는 것입니다. 지금껏 여성은 여러

차례 세상을 구했습니다. 전쟁의 위기나 지진의 공포 앞에서 놀라운 침착성으로 가족을 지켜왔지요. 덕분에 우리는 이렇게 살아남을 수 있었습니다.

"여성이 그렇게 대단하다고 해도 남자들이 이룬 게 훨씬 많지 않나요?"

얼핏 그렇게 보일 수도 있습니다. 하지만 남성과 비교할 때 여성의 성취가 부족한 것은 제대로 된 기회를 얻지 못했기 때문입니다. 똑같이 공부하고 경력을 쌓아도 지금껏 여성들은 승진에서 누락되곤 했습니다. 임신과 출산을 해야 하니까 곧 그만둘 거라는 판단을 경영진이 했기 때문이지요. 하지만 똑같은 기회가 주어진다면 여성들도 몸을 사리지 않고 일합니다. 이렇게 능력 많은 여성 인력을 놓치는 건 회사 차원에서도 큰 손해가 아닐 수 없습니다. 기억하세요. 남성들이 사회에서 제구실을 할 수 있도록 다그치며 키워준 것이 여성인 어머니라는 사실을요. 내가 종종 그런 이야기를 꺼내면 꼭 이렇게 되묻는 사람들이 있습니다.

"남자는 여자보다 약하다고 사이토 씨가 말하지 않았나요? 그런데 어떻게 여성 직원들 위에 설 수 있었던 거죠?"

———————— 운 좋은 놈이 성공한다

맞습니다. 나도 약한 남자입니다. 그러니 내가 여성들 위에 군림한다는 건 절대 맞는 말이 아닙니다. 내가 한 것은 여성들이 능력을 발휘할 수 있도록 자리를 만든 것뿐입니다. 기회를 얻은 여성들이 마음껏 일할 수 있도록 도와주었을 뿐, 내가 그들을 이끌거나 지시한 것은 아니니까요.

내가 이렇게 열심히 설명을 해도 여전히 남성이 강하다는 생각을 버리지 못하는 사람이 많을 겁니다. 뭐, 그렇다고 해도 할 수 없는 일입니다. 한 사람 한 사람의 생각은 모두 가치가 있으니까요. 살다 보면 정말로 남성이 지켜주어야 할 여성이 눈앞에 나타날 수도 있습니다. 그래도 절대 잊지 말아야 할 것은 진정 강한 것은 부드러움 속에 숨어 있다는 사실입니다. 강함은 자칫 대단해 보일 수 있지만 이내 쉽게 부러집니다. 부드러움은 흐르는 강물처럼 길게 이어집니다. 그래서 그 생명력을 온전하게 지켜낼 수 있지요.

 세 줄 요약

아무리 대단한 사람도 어머니의 몸에서 태어납니다.
여성의 보살핌으로 이 세상에 존재할 수 있었지요.
그 사실을 절대 잊어서는 안 됩니다.

말미잘과 다랑어의 행복

참 묘한 일입니다. 성적이 나쁜 사람은 좀처럼 공부를 하지 않습니다. 교과서만 들여다봐도 지금보다는 상황이 훨씬 나아질 텐데 말이지요. 돈이 없는 사람도 마찬가지입니다. 조금만 더 부지런히 일하면 돈 걱정을 덜 텐데, 웬일인지 여기저기 돈 쓸 생각만 합니다. 돈이 있는 사람은 어떨까요? 돈을 쓸 생각을 하면 좋으련만, 어떻게 된 일인지 돈을 벌 생각만 합니다. 어째서 이런 일이 벌어지는 걸까요?

성적이 나쁜 사람과 돈이 부족한 사람에게는 공통점이 있습니다. 일단 자신감이 없습니다. 그리고 자신은 단점투성이라고 믿어 의심치 않지요. 그래서 자신은 무엇을 하든 되는 일이 없다고 여깁니다.

"나는 공부도 잘하고, 부자도 되고 싶어."

운 좋은 놈이 성공한다

입으로는 항상 이렇게 말하지만, 실제로는 간절하게 행동하지 않습니다. 그래서 공부도 일도 제대로 해내지 못하는 것이지요.

이쯤에서 말미잘과 다랑어 이야기를 해볼까 합니다. 아주 당연한 이야기긴 하지만, 말미잘은 처음부터 말미잘로 태어납니다. 당연히 다랑어는 다랑어로 태어나지요. 그런데 다랑어는 시속 60킬로미터 이하로 헤엄치면 죽음에 이른다고 합니다. 이런 다랑어에게 말미잘처럼 천천히 헤엄치라고 하면 어떤 일이 벌어질까요? 죽음에 이르는 것 외에 다른 결과는 없을 겁니다.

여기서 여러분에게 묻고 싶은 게 있습니다. 그렇다면 다랑어로 태어난 건 행복하고, 말미잘로 태어난 건 불행하다고 우리가 감히 말할 수 있을까요? 절대 그렇지 않습니다. 말미잘은 말미잘대로 행복하고, 다랑어는 다랑어대로 행복합니다. 그저 행복의 모습이 다른 것뿐이지요. 불행은 오히려 이 모습을 억지로 바꾸게 하는 데서 비롯됩니다. 말미잘에게 다랑어처럼 빨리 헤엄치라고 하니까 불행하고, 다랑어에게 말미잘처럼 가만히 있으라고 하니까 괴로워지는 것이지요.

말미잘은 바위에 몸을 붙이고 물결에 흔들리면서 한 자리에 머무는 것이, 다랑어는 열심히 헤엄치면서 바다 곳곳을 누비는 것이 자신의 본래 모습입니다. 행복이란 바로 그런 것이지요. 신은 말합니다.

"이번에는 말미잘로 살면서 행복을 느끼거라. 다음에는 다랑어로 살면서 행복을 느끼고."

사람들은 사는 형태대로 얼마든지 각자의 행복을 느낍니다. 그러니 산에 가서 바다가 좋다고 말하고, 바다에 가서 산이 더 좋다고 말하지 마세요. 산은 산대로, 바다는 바다대로 나름의 장점이 있는 법이니까요. 그때그때 상황에 맞는 행복을 찾아내지 못하면 사람은 결코 행복해질 수 없습니다. 하지만 안타깝게도 많은 이들이 그 사실을 깨닫지 못한 채 살아갑니다. 지금 일하는 회사의 책상 앞에 앉아서 언제나 창밖으로 다른 회사를 바라보지요.

"이 회사는 정말 별 볼 일 없어. 다른 회사에서 일할 수 있다면 정말 좋을 텐데…."

이렇게 중얼거리면서요. 지금 다니는 회사에서 만족을 느낄 방법을 진지하게 고민해보세요. 아무리 생각해도 장점을 찾아내지 못했다면 그때 그만두면 됩니다.

"아무리 그래도 이 회사를 그만둘 수는 없는걸…."

당신이 이런 말을 반복하고 있다면 회사가 아니라 자신에게 문제

운 좋은 놈이 성공한다

가 있는 겁니다. 만약 당신이 회사를 좋아하려고 굳이 애쓰지 않는다면 이야기는 달라집니다. 하지만 회사에 공헌도 많이 하고 좋아하려고 노력도 했는데, 회사는 전혀 달라지지 않고 당신은 그만둘 용기조차 없다면 이것만큼 바보 같은 일도 없습니다.

이렇게 회사가 싫은데도 계속 다니는 것만큼 본인에게 괴로운 일도 없을 겁니다. 그런데 회사 입장에서 보면 싫어하면서도 계속 다니는 사람만큼 골치 아픈 존재도 없습니다. 회사가 나쁘다는 사실을 알면서도 계속 다니는 사람은 바보입니다. 그 회사 역시 이 사람이 그곳에 어울리기 때문에 내보내지 않는 것이지요. 신이 잘못된 일을 하지는 않습니다. 세상은 도리에 따라 돌아갑니다.

"예전에 다니던 회사가 나쁘지는 않았어. 그 회사에서 일했던 경험이 있었기에 지금의 내가 있는 거니까."

이런 마음을 갖기 위해 노력하세요. 그러면 신이 주신 기회에 매번 감사하는 마음이 생길 겁니다.

세 줄 요약

말미잘은 물결에 흔들리면서 한 자리에 머무릅니다.
다람어는 열심히 헤엄치며 바다를 누비고 다니지요.
본성을 지키며 살아가는 것이 진정한 행복입니다.

운 좋은 놈이 성공한다

삶은 언제나 고마운 것이다

부모를 욕하는 사람을 가끔 봅니다. 이런 사람들은 절대 행복해질 수 없습니다. 행복해지는 첫걸음은 언제나 이렇게 말하는 겁니다.

"부모님 덕분에 이 세상에 태어날 수 있었어. 그래서 이렇게 맛있는 것도 먹을 수 있게 되었지. 참 감사한 일이야."

큰 은혜로 세상에 태어날 수 있었으니, 그다음은 스스로 개척해야 합니다. 그것이 살아가는 도리이지요. 이렇게 생명을 얻은 덕분에 아름다운 경치를 만끽할 수 있고, 꽃이 핀 들판에 앉아 멍하니 구름을 바라볼 수도 있습니다. 그런데 이런 경치 한가운데서도 아름다움을 느끼지 못하는 사람도 많습니다. 제대로 된 감성이 없기 때문입니다. 부모를 욕하느라 바쁜 사람은 고마움을 제대로 느낄만한 감성이 없는 겁니다. 부모님 덕분에 건강한 몸으로 태어났는데도 내내 불평하는 사람을 보면 나는 도통 이해가 가질 않습니다.

성공하고 싶다는 말을 입에 달고 다니면서도 자신이 사는 나라를 욕하는 사람이 많습니다. 그래서는 아무것도 바뀔 게 없습니다. 나는 내가 사는 이 나라를 사랑하며, 이곳이 더 발전하기를 마음 깊이 바랍니다. 그래서 열심히 번 돈으로 아낌없이 세금을 내지요. 회사에서 성공하고 싶다면 회사나 사장을 욕하는 일을 멈추세요. 맡은 일은 하지 않고 험담만 해대는 사원을 출세시켜 주는 회사는 어디에도 없으니까요.

이 세상의 모든 일은 도리에 따라 돌아가는 법입니다. 내가 사는 나라가 싫다면 더 좋은 나라로 만들기 위해 애써야 합니다. 아무것도 하지 않고 욕만 해서는 무엇도 바뀌는 게 없습니다. 신은 언제나 당신의 모습을 지켜보고 있습니다. 그러니 좀 더 발전적인 곳에 에너지를 쓰도록 하세요.

세상을 욕하거나 남을 헐뜯지 않고 할 일을 스스로 찾아 나선다면 그것만으로 당신은 이미 성공한 사람입니다. 사실 내가 열심히 일할 이유는 없습니다. 지금껏 이룬 것만으로 충분하니까요. 그런데도 나는 지금 있는 자리에서 노력하는 시간이 즐겁습니다. 내 영향력이 커질수록 주위 사람들을 행복하게 해줄 능력도 커지기 때문입

운 좋은 놈이 성공한다

니다. 이 책을 쓰는 것도 내가 깨달은 성공법을 나누어서 함께 행복해지기 위함이지요.

물론 내가 말하는 성공법이 여러분에게 그대로 들어맞지 않을 수도 있습니다. 중요한 건 언제나 넉넉한 마음으로 타인을 대하는 것입니다. 상대에게 중요한 존재라는 마음을 심어줄 수 있다면 당신의 영혼이 한 단계씩 발전하고, 나처럼 성공을 누릴 수 있습니다. 부모님이 부자가 아니라고 해서 슬퍼하는 사람도 있습니다. 그 마음을 이해합니다. 그런데 아무것도 없는 상황에서 직접 노력하여 위로 올라가는 즐거움도 상당합니다. 부모와의 만남은 신이 맺어준 인연입니다.

"이번 생에는 이 부모님과 열심히 살아가거라."

신이 이렇게 말한 만큼 여러분이 할 일은 한 가지입니다. 부모님과 함께 좀 더 행복하게 살기 위해 노력하는 것이지요.

말미잘은 말미잘대로 다랑어는 다랑어대로 다른 모습의 행복이 있다고 말한 걸 기억할 겁니다. 그런데 만약 말미잘이 이런 말을 한다면 어떨까요?

"이대로는 안 되겠어. 지금부터라도 바닷속을 헤엄치며 다니고 싶어."

물론 다랑어만큼 빠르게 헤엄치기는 힘들 겁니다. 하지만 이런 생각을 하는 순간부터 말미잘이 끊임없이 노력한다면 한 자리에 붙어 있을 때보다는 훨씬 많은 풍경을 볼 수 있을 겁니다. 좀처럼 바뀌지 않을 것 같았던 사람도 이렇게 달라진 모습을 보이는 경우가 종종 있습니다. 성공한 사람을 보며 항상 빈정대던 사람이 마음을 바꿔 먹고 어느 날 이런 말을 할 수도 있지요.

"정말 잘 됐어. 진짜 열심히 노력한 모양이야."

말미잘로 태어난 자신을 감사하게 여기며 주변 사람을 행복하게 해 주는 것도 좋은 일입니다. 어느 날 갑자기 성공하고 싶고, 부자가 되고 싶다고 꿈꾸기 시작하는 것도 좋은 일이고요. 자신의 느낌을 소중히 여기며 생각하는 바를 실천해 나간다면 그게 어떤 모습이든 당신의 삶은 충분히 의미가 있답니다.

 세 줄 요약

세상을 욕하거나 남을 헐뜯을 필요는 없습니다.
언제든 할 일을 스스로 찾아 나서도록 하세요.
그것만으로 당신은 이미 성공한 사람입니다.

당신의 욕망이 성공을 이끈다

"어떻게든 잘 살고 싶어!"

이런 마음은 언제 드는 것일까요? 좋아하는 이성의 마음을 얻고 싶을 때, 헤어진 사람에게 복수하고 싶을 때, 타고 싶은 차가 생길 때, 좀 더 나은 생활을 하고 싶을 때, 내 가족에게 풍요를 안겨주고 싶을 때 등등 여러 가지가 있겠지요. 이처럼 잘 살고 싶다는 생각은 작은 이유에서 비롯됩니다. 그런데 이 작은 이유를 놓고 어떻게 행동하느냐에 따라 당신의 삶은 전혀 다른 방향으로 움직입니다. 그저 생각해본 것만으로 만족하며 아무것도 하지 않는 사람과 그 생각을 실현하기 위해 노력을 시작하는 사람과는 하늘과 땅만큼의 차이가 존재하지요.

운 좋은 놈이 성공한다

"이건 나 혼자만의 욕심이잖아. 이걸 위해 노력하는 게 과연 옳은 걸까?"

이런 이유로 고민하는 사람도 있을 겁니다. 상관없습니다. 이처럼 '작은 이유'를 실현하기 위해 열심히 생각하고, 기꺼이 행동하며, 마음의 여유를 가지려고 노력하는 사람의 시선은 항상 위를 향합니다. 절대 아래를 내려다보지 않지요. 비록 계기는 작을지 모르지만, 이렇게 위를 향하는 마음은 욕망이 됩니다. 그리고 이 욕망이 그 사람을 성공으로 이끌지요.

욕망은 나쁜 것이고 그래서 가져서는 안 된다고 생각하는 사람도 있을 겁니다. 그런데 인간에게 욕망을 준 것은 바로 신입니다. 신이 하는 일에 잘못이 있을 수 없지요. 신은 절대 틀리는 법이 없기에 인간이 욕망을 갖는 것은 결코 나쁜 일이 아닙니다,

"절대 욕망을 가져서는 안 돼!"

흔히 세상에서 이렇게 말하는 이유는 욕망과 욕심을 혼동하기 때문입니다. 신은 우리에게 영혼의 단계를 크게 높일 수 있는 기폭제로 욕망이라는 것을 주었습니다. 지금 우리가 누리고 있는 기술과 문화는 모두 인간의 욕망이 있었기에 탄생한 것입니다. 인간에게

욕망이 존재하지 않았다면 인간은 두 발로 서서 걷는 행위조차 불가능했을지 모릅니다. 그러니 욕망은 결코 나쁜 것이 아닙니다. 인간은 본래 욕망이 있어서 일어나고, 욕망을 충족하기 위해 행동합니다. 행동하지 않으면 영혼의 단계를 높이는 일도 불가능해지지요. 그렇게 되면 신이 인간에게 생명을 부여한 의미가 사라집니다. 따라서 인간은 욕망을 가져야 합니다. 그게 바로 신의 뜻이며, 성공을 향한 첫걸음이지요.

 세 줄 요약

잘 살고 싶다는 생각은 작은 이유에서 비롯됩니다.
그 이유가 당신의 삶을 새로운 곳으로 이끌지요.
생각을 실천으로 옮길 때 비로소 성공할 수 있습니다.

운 좋은 놈이 성공한다

05

운이 좋아지는 절대 성공법칙

인생이라는 시합에서 메달 2개를 따려면

인생에서 성공은 무엇을 의미할까요? 아마도 물질적인 것과 정신적인 것으로 나누어볼 수 있을 것입니다. 바로 '돈'과 '행복'이지요. 돈은 물질적인 부유함을 상징합니다. 행복한 정신적인 풍요로움을 말하지요. 그런데 이 두 가지가 반드시 함께 가는 것은 아닙니다. 부자라고 해서 마음까지 행복하다는 보장은 없습니다. 부자가 아니라도 얼마든지 행복을 느끼는 사람도 많지요. 같은 육상 종목이지만 단거리달리기와 높이뛰기는 엄연히 다른 종목입니다. 하지만 어느 종목에서 우승하더라도 금메달을 딴 것임은 틀림없습니다. 성공도 이와 같지요. 똑같은 성공이지만 '돈'과 '행복'이라는 종목으로 나뉩니다. 따라서 부자가 되지 못했더라도 삶이 행복하다면 여러분은 이미 성공한 사람입니다.

그렇다면 이 두 가지 종목에서 동시에 금메달을 딸 수는 없을까

—————— 운 좋은 놈이 성공한다

요? 물론 가능합니다. 영혼의 단계를 올리면서 경제적인 풍요를 얻으면 되니까요. 삶의 모습은 제각각이라 성공의 어느 종목에서 기록을 세우느냐는 순전히 개인의 선택입니다. 영혼의 단계를 올리는 게 중요한 사람은 경제적인 풍요는 뒤로 미뤄놓을 수 있습니다. 정신적인 성장과 물질적인 풍요를 둘 다 중간 정도로 성장시킬 수도 있지요.

하지만 대부분의 사람들은 이 두 가지를 정 반대쪽에 놓인 것으로 생각합니다. 영혼의 단계를 올리는 것은 숭고한 성공으로 여기고, 경제적인 풍요를 획득하는 것은 세속적인 성공으로 여기지요. 두 가지를 동시에 얻는 것이 얼마든지 가능한데도 어느 쪽을 선택할지 굳이 고민합니다. 그러면서 숭고한 성공이라 여기는 종목에 좀 더 초점을 맞추지요.

그런데 나는 정신적인 성공인 행복만으로는 뭔가 부족하다는 생각이 듭니다. 정신적으로도 경제적으로도 모두 풍요로워지는 게 좋다고 여기기 때문입니다. 당장 먹을 것이 없는 사람에겐 만 원짜리 한 장이 행복입니다. 성공의 두 가지 종목을 굳이 나누어 성취할 필요는 없지요. 그런 의미에서 '가정적인 사람'이 되는 것도 좀 더 깊이 생각해보아야 합니다.

남자든 여자든 결혼을 하면 상대가 좀 더 가정에 충실하기를 원합니다. 일보다는 가족을 중요하게 여기는 사람을 '가정적'이라며 칭찬하지요. 하지만 회사에 다니다 보면 늦게까지 남아서 일해야 하는 경우도 종종 생깁니다. 때론 휴일에 회사에 나가야 할 때도 있지요. 가족의 행복을 지키려면 일정 수준 이상의 돈을 버는 게 꼭 필요합니다. 그런데 가정적인 사람이 되는 데만 열중하다 보면 자연스레 일과 멀어질 수 있습니다. 회사에서는 그런 직원을 원하지 않지요. 그러니 열심히 일하고 싶다는 뜻을 보일 때 무조건 가정적이 되어야 한다는 굴레를 씌워 부담을 주어서는 안 됩니다. 열심히 돈을 버는 것도 넓은 의미로 볼 때 가족의 행복을 위한 것이니까요.

나는 생각합니다. 언제나 즐겁게 살면서 더 많은 사람을 행복하게 해주고 싶다고요. 내가 사업으로 큰돈을 벌고 회사도 즐겁게 운영하는 것을 보고 조심스럽게 이런 말을 건네는 분들이 있습니다.

"언제까지나 이렇게 순조롭기는 힘들지 않을까요?"
"달도 차면 기운다는데, 항상 조심하도록 하세요."
"그렇게 남다르게 행동하는 건 좋지 않아요. 모난 돌이 정 맞는 법이니까요."

물론 이 말들이 나를 걱정하는 마음에서 나온 것이란 사실을 잘 알고 있습니다. 하지만 부정적인 말은 부정적인 결과를 낳을 뿐입니다. 사람은 원하는 만큼 행복해집니다. 그래서 나는 지금보다 좀 더 행복해지기 위해 끊임없이 노력하고 있지요. 돈과 행복을 동시에 손에 넣는 방법을 잘 알고 있기 때문입니다.

"나는 전혀 힘들지 않아."

이 말을 입버릇으로 여길 때 정신적인 풍요와 경제적인 풍요가 모두 내 것이 됩니다. 사람은 행복해질 권리가 있습니다. 당신은 지금보다 더 행복해져야 하지요. 그것을 위해 노력할 때 몸과 마음이 모두 풍요로워집니다.

 세 줄 요약

정신적인 풍요와 경제적인 풍요를 둘 다 누리려면?
"나는 전혀 힘들지 않아."
이 말을 반드시 입버릇으로 여기도록 하세요.

시기와 질투는 신이 준 선물

"나는 전혀 힘들지 않아."

뭔가를 해보고 싶다는 생각이 들면 일단 이렇게 말하는 것을 입버릇으로 삼으세요. 그런 뒤 목표를 정해 행동을 시작하면 됩니다. 참 신기하게도 얼마 지나지 않아 당신의 행동을 반대하는 사람이 나타날 것입니다.

"그런 일은 애초부터 시작해서는 안 돼."
"네 능력으론 절대 해낼 수 없는 일이야."
"그만하면 잘 지내면서 왜 욕심을 부리는지 모르겠어."

이런 말이 들려오는 건 어찌 보면 당연한 일입니다. 이 세상에 존재하는 모든 것은 반대되는 힘과 공존하기 때문입니다. 마찰력도, 공기 저항도 모두 이런 반대되는 힘에 해당되지요.

수백 명의 사람을 태운 비행기는 이륙하기 직전에 공기 저항을 크게 받습니다. 그렇지만 결코 속도를 늦추지 않습니다. 공기 저항을 받으면 오히려 엔진의 출력을 높여 그에 대항합니다. 그리고 마침내 하늘 높이 날아오릅니다. 사실 비행기는 공기 저항이 있기에 하늘을 날 수 있습니다. 공기 저항이 두려워 속력을 떨어트리면 그대로 땅에 추락하고 말지요. 하지만 대부분의 사람들은 이런 사실을 알지 못합니다. 주변 사람의 반대와 험담은 비행기가 마주하는 공기 저항과 같은 것인데도 스스로 속도를 늦춰서 결국 날아오르지 못하고 맙니다.

앞으로 당신이 뭔가를 해내려 할 때 숙명처럼 주변의 저항과 마주하게 될 것입니다. 신경 쓰지 말고 자신의 속도를 유지하세요. 그러면 당신은 더 높이 날아오를 수 있습니다. 저항은 이렇게 나를 발전시키는 요소가 되어주곤 합니다. 어떤 이들은 이런 사실을 일찌감치 알아차리고 자신을 겨냥한 험담을 성장의 에너지로 삼습니다. 수십 년 동안 최고의 인기를 유지하며 전설의 아이돌로 불리고 있는 마츠다 세이코가 바로 그런 인물입니다.

'푸른 산호초'라는 노래로 잘 알려진 마츠다 세이코는 결혼과 이혼, 잇따라 터지는 스캔들로 큰 위기를 겪었습니다. 하지만 이에 굴

하지 않고 자신의 매력을 부각시키는 활동으로 제2의 전성기를 맞이했지요. 마츠다 세이코는 대단한 인기만큼이나 질투와 시기의 시선도 많이 받았습니다. 하지만 그런 저항을 두려워하지 않고 그것을 오히려 에너지로 바꾸어 커다란 성공을 이루었습니다. 그러니 당신을 질투하는 사람이 하나둘 생겨난다면 기죽지 말고 계속 속도를 높이세요. 머지않아 푸른 하늘로 날아오를 수 있을 겁니다.

반대하거나 질투하는 사람들은 사실 당신의 적이 아닙니다. 오히려 아군이지요. 나의 영혼을 한 단계 성장시키고, 발전의 에너지를 가져다주는 선물이기 때문입니다. 시기와 질투가 가져오는 저항은 아주 강해서 그것들 앞에서 움츠러들면 나를 해치는 원인이 되기도 합니다. 전기를 떠올리면 쉽게 이해할 수 있습니다. 똑같은 전기라도 잘 사용하면 집을 따뜻하게 하는 유용한 힘이 되어줍니다. 하지만 잘못 관리하면 화재의 원인이 되기도 하지요. 나를 가로막는 질투와 마주친다면 무서워하지도 움츠러들지도 마세요. 나쁜 기운이 나를 해치지 않도록 속도를 높여야 합니다. 그리고 하늘 높이 날아오르세요.

세 줄 요약

나를 질투하고 시기하는 사람은 오히려 나의 아군입니다.
인생에서 받는 저항의 크기를 키워주는 역할을 하니까요.
그러니 두려움 없이 하늘로 훌쩍 날아오르세요.

큰 목표를 남에게 말하지 마라

속도를 높여 위로 올라가려면 큰 목표가 있어야 합니다. 최종 목적지에 도달하기까지 이정표도 몇 개 세워야 하지요. 첫 번째 이정표에 도달했다면 쉬지 말고 다음을 향해 달려가세요. 그래야 가속도가 붙어서 또 다른 이정표에 도달할 수 있습니다. 그런데 많은 사람이 작은 목표를 세우고, 거기에 도달하고 나면 속도를 늦춥니다. 그러고는 그 자리에 멈추고 말지요.

"이제 여행이나 가 볼까?"
"꿈꾸던 고급 차를 살 때가 된 거야."

한 가지 목표 달성에 만족한 채 이런 말을 하는 사람은 절대 큰일을 이룰 수 없습니다.

운 좋은 놈이 성공한다

"힘들게 여기까지 왔으니, 얼른 다음 목표를 향해 달려가야겠어."

이런 마음가짐으로 재빨리 속도를 높여야 합니다. 이런 과정을 반복하다 보면 다음 목표에 도달하는 시간이 점점 짧아집니다. 비행기가 날아오르는 하늘에는 한계가 있지만, 이 우주에는 한계가 없습니다. 그래서 떨어지는 사람은 끝없이 떨어지고, 올라가는 사람은 한없이 올라갈 수 있습니다.

우리가 기억해야 할 것이 한 가지 더 있습니다. 영혼의 단계는 결코 낮아지는 법이 없다는 것이지요. 만일 당신이 이번 생에서 성공을 맛보았다면, 다음 생에서는 바로 그 지점에서 인생을 시작하게 됩니다. 전생에 부자였다면 이생에서 당신은 부유한 상태로 인생을 시작하게 되지요. 신은 당신의 노력에 언제나 보답을 합니다. 따라서 열심히 노력해 단계를 높인 영혼은 다음 생에서 같은 노력을 반복할 필요가 없습니다. 일단 단계가 올라간 영혼은 계속 위로 올라갈 뿐 결코 단계가 떨어지지 않지요. 인간이 만든 것은 언젠가 추락할 수 있지만, 신이 만든 것은 절대 떨어지는 법이 없습니다. 주위를 살펴보세요. 태어나자마자 이미 양손에 부를 거머쥔 사람도 얼마든지 있답니다. 그러니 지금 내가 부자가 아니라고 해도 절대 걱정할 필요가 없습니다. 머지않아 성공할 수 있을 테니까요.

여유를 갖고 마음을 편안하게 두세요. 그리고 속도를 올리면 이내 좋은 지혜가 떠오릅니다. 이를 그대로 행동에 옮기기만 하면 됩니다. 올바른 사고를 통해 떠오른 지혜를 행동으로 옮긴다면 결코 실패할 리가 없습니다. 하지만 대부분의 사람은 작은 성공만으로도 이내 들떠서 여행을 계획하고 남들에게 자랑할 고급 차를 사려고 합니다. 생각해보세요. 굳이 그렇게 들뜨지 않고 목표를 향해 묵묵히 달려가기만 해도 당신이 원하는 것은 쉽게 이루어집니다. 운동선수를 떠올리면 쉽게 이해할 수 있을 겁니다. 매일 공상만 하며 "이것도 갖고 싶다, 저것도 갖고 싶다." 말하는 선수가 있다고 해봅시다. 그 선수는 아마도 훈련을 할 때도 그런 공상에 빠져서 별다른 성과를 올리지 못할 겁니다. 하지만 그런 생각을 머리에서 몰아내고 열심히 훈련에 몰두하는 선수는 자신의 목표를 향해 힘껏 달려나갈 수 있습니다. 굳이 말하지 않아도 세계여행을 하거나 좋은 차를 사게 될 기회가 생기지요. 가끔 원하는 것을 떠벌리다가 그것들을 손에 넣는 사람도 있습니다. 하지만 이 사람이 그런 말을 하고 다니지 않았다면, 분명 자신이 원했던 것보다 더 좋은 것들을 얻었을 것입니다. 그러니 큰 목표를 세웠다면 그것을 절대 남에게 말하지 않는 것이 좋습니다.

목표를 남에게 말하지 않으면 긴장하게 됩니다. 말하고 싶어서 참을 수 없는 지경이 되어도 결코 말해서는 안 되지요. 그러면서 조금씩 욕구불만이 쌓이고, 이것이 결국 당신에게 큰 에너지가 됩니다. 증기기관차가 움직이는 것과 같은 이치입니다. 욕구불만이라는 증

——————— 운 좋은 놈이 성공한다

기를 모으지 못하면 기관차는 달리지 못하게 됩니다. 이것저것 갖고 싶다고 말을 해대면 이를 통해 증기가 빠져나가서 당신의 에너지도 약해집니다. 우리가 속한 이 우주에는 '끌어당김의 법칙'이 존재합니다. 그래서 목표를 말하지 않으면 욕구가 강해져서 잠을 자면서도 성공의 기운을 끌어당기게 됩니다.

하지만 이것도 갖고 싶고 저것도 갖고 싶다고 말하는 순간 구멍이 뚫려서 에너지가 스르르 빠져나가 버립니다. 그러니 증기가 분산되지 않도록 입을 다문 채 에너지를 행동으로 변환시키세요. 이렇게 집중력을 쏟아부어 한 방향으로 노력하다 보면 올바른 방향으로 에너지가 움직이게 됩니다.

 세 줄 요약

큰 목표를 세웠다면 남에게 말하지 않는 것이 좋습니다.
그러면 욕구가 강해져서 성공의 기운을 끌어당기게 되지요.
마치 증기기관차처럼 목표를 향해 힘차게 달릴 수 있답니다.

당신의 마음이 에너지로 넘칠 때

매일 밥을 먹어야 몸에 에너지가 생기듯이 마음에도 힘을 불어넣어 주어야 합니다. 마음에 힘을 주는 에너지는 특별한 게 아닙니다. 나를 힘들게 하는 일, 남들의 시기와 질투, 목표를 이루지 못했을 때 생기는 욕구불만, 이 모든 것이 당신에게 큰 힘을 줍니다. 이 우주에 존재하는 모든 것은 당신의 편입니다. 당신에게 그럴 마음만 있다면 모든 것이 끌려와 당신의 에너지가 되어주지요. 이러한 끌어당김이 올바르게 이루어지려면 언제나 긍정적인 자세를 갖는 것이 중요합니다.

긍정적으로 생각하면 당신의 모든 일상이 긍정적인 말로 흘러넘치게 됩니다. 그리고 이것이 당신의 손과 발, 머리, 그리고 영혼에 놀라운 에너지를 공급해 주지요. 날씨가 더울 때 당신은 말합니다.

"정말 더워서 못 살겠네."

하지만 그럴 때 이렇게 말해보세요.

"날씨는 덥지만 기운이 나는걸."

그러면 더 큰 힘을 얻을 수 있습니다. 경기가 좋지 않을 때도 마찬가지입니다.

"불황 때문에 못 살겠어."

이렇게 말하는 건 아무런 도움이 되지 않습니다.

"난 불황에 강한 사람이야. 드디어 내가 나설 차례가 되었어!"

힘을 내어 긍정적으로 외쳐보세요. 나라 전체에 돈이 넘칠 때는 누구나 돈을 법니다. 하지만 불황이 다가오면 상황이 좋지 않은 회사가 나타나게 마련이지요. 불황이 다가와도 힘들어하지 마세요. 이럴 때야말로 당신이 능력을 발휘할 시점입니다. 지금까지 꾸준히 지켜봐 준 신에게 실력을 보여줄 절호의 기회라고 마음먹는 것이지요. 그러면 서서히 눈앞의 안개가 걷히고, 돌아가는 세상의 모습이 보이기 시작합니다. 이때 긍정적인 말로 마음에 에너지를 공급하세요. 이것을 해내는 사람이 성공의 기세를 잡을 수 있습니다.

 세 줄 요약

금정적인 생각은 당신의 삶을 금정적인 말로 흘러넘치게 합니다.
이것이 당신의 몸과 마음에 놀라운 에너지를 공급해 주지요.
이 에너지가 당신을 더 높은 곳으로 이끌어줍니다.

운 좋은 사람을 알아채는 법

우리가 살아가는 이 세상에는 운이 좋은 사람과 운이 나쁜 사람이 존재합니다.

"결혼 상대로 어떤 사람을 고르시겠어요?"

"거래처의 사장님이 어떤 사람이면 좋겠습니까?"

이렇게 물으면 모든 사람이 운이 좋은 사람을 고르겠다고 대답할 것입니다. 그렇다면 운이 좋은 사람은 과연 어떻게 구별할 수 있을까요?

"점쟁이가 아닌 이상 겉모습만 보고 그런 걸 어떻게 알 수 있겠어?"

다들 그렇게 말하겠지만, 아주 쉬운 방법이 있습니다. 바로 머리, 얼굴, 발을 보는 겁니다. 우리가 사는 이 세상은 하늘, 사람, 땅이라는 세 가지 요소로 이루어집니다. 사람에게 있어 머리는 하늘에 해당합니다. 얼굴은 사람에게 해당하고, 발은 땅을 가리키지요.

그러니 사람을 만나면 일단 이 세 가지를 살피세요. 그러면 그 사람의 운을 금세 알 수 있답니다. 머리카락에 윤기가 돌면 하늘의 보살핌이, 얼굴에서 빛이 나는 사람은 세상의 보살핌이, 신발이 깔끔한 사람은 조상의 보살핌을 한몸에 받는 사람입니다. 승승장구하는 정치가나 회사를 잘 경영하는 사업가를 살펴보면 하나같이 머리카락에 윤기가 흐르는 것을 볼 수 있습니다. 얼굴에서 빛이 나지 않는 사람은 주변 사람들과의 관계가 어려워지고, 깔끔한 신발을 신고 다니지 않는 사람에겐 출세할 기회가 좀처럼 찾아오지 않습니다.

그러니 이제부터 사람을 볼 때는 이 세 가지를 눈여겨 살피세요. 상대가 금목걸이를 하고 있는지, 손가락에 커다란 다이아몬드 반지를 꼈는지, 고급 핸드백을 들고 있는지는 그 사람이 지닌 운을 판단하는 데 아무런 영향도 끼치지 못합니다. 머리카락에 윤기가 도는지, 얼굴에서 빛이 나는지, 신발이 깨끗한가를 보아야 그 사람이 운 좋은 사람인지 비로소 알 수 있답니다. 여기서 한 가지 기억해야 할 것은 내가 남을 그런 기준으로 평가하는 것과 마찬가지로, 남들도 나를 그런 눈으로 바라본다는 것입니다. 그러니 머리카락, 얼굴,

—————— 운 좋은 놈이 성공한다

신발, 이 세 가지에 언제나 광채가 깃들도록 신경을 쓰세요. 그러면 곧 좋은 운이 당신에게 성큼 다가올 것입니다.

 세 줄 요약

머리, 얼굴, 발을 보면 상대의 운을 가늠할 수 있습니다.

이 세 곳에서 빛이 나는 사람이 운이 좋은 사람입니다.

당신의 운도 빛날 수 있도록 이 세 곳을 항상 신경 쓰세요.

힘들다고 생각하면 힘든 일만 생긴다

언제나 긍정적으로 생각하고, 남들의 질투를 마음의 에너지로 바꾸고, 풍요로운 자세로 살아가면 아무런 문제도 생기지 않을까요? 그렇지는 않습니다. 아무리 노력해도 터질 문제는 언제든 터집니다.

"이렇게 노력했는데도 문제가 터지다니, 내가 할 수 있는 일은 없어."

어쩔 수 없다고 포기하면 부정적인 에너지가 당신의 주위를 감싸게 됩니다. 이럴 땐 긍정적인 자세를 취해야 합니다. 우리 앞에 등장하는 문제는 영혼의 단계를 올리기 위한 것입니다. 따라서 도무지 해결할 수 없는 문제는 주어지지 않습니다. 당장 슈퍼컴퓨터를 만들어내라거나, 하늘을 날아보라는 등 능력 밖의 문제는 등장하지

—————— 운 좋은 놈이 성공한다

않지요. 내게 꼭 맞는 문제를 주기 때문에 사람마다 당면하는 문제가 모두 다릅니다. 해결하는 데 다소 시간이 걸릴 때도 있지만, 꾸준히 노력하면 반드시 풀리는 문제입니다. 게다가 문제는 언제나 한 번에 한 가지씩만 주어집니다. 얼핏 여러 개로 보이는 문제도 곰곰이 생각해보면 하나의 원인에서 시작되었다는 걸 알아차릴 수 있지요. 당신이 올라야 할 계단은 한 개이며 방금 올라온 계단보다 항상 조금씩만 높아질 뿐입니다. 그저 하나하나 열심히 오르기만 하면 되지요.

무슨 일이든 처음에는 힘들어도 시간이 지나면 훨씬 해내기가 쉬워집니다. 시간이 제법 흘렀는데도 여전히 힘들다면, 그건 당신이 잘못된 방향으로 노력을 해왔다는 증거입니다. 신은 누구도 괴롭히지 않습니다. 다만 방법을 바꾸어야 한다고 알려줄 뿐이지요. 작년에 열심히 일했는데도 올해 들어 더 힘들다는 느낌이 들면 뭔가 잘못된 것입니다. 지난해에 열심히 일했다면 올해는 훨씬 더 쉽고 행복해져야 합니다. 할 일이 늘어나서 바빠졌다면 그것 또한 잘못된 것입니다. 맡은 일이 늘어나면 주변 사람들에게 믿고 맡겨야 합니다. 잘못을 깨닫고 올바르게 행동하면 일도 잘 풀리고, 덩달아 회사의 이익도 늘어납니다.

돈을 벌지 못하는 사람은 마음 한구석에 돈을 벌면 안 된다는 생각이 자리 잡고 있습니다. 이런 생각이 회사 전체에 퍼져 있다면 큰 일입니다. 회사가 돈을 벌지 못하면 직원들의 월급은 물론 거래처 대금도 지급하지 못하는 상황에 이르고 맙니다. 반대로 모두가 합심하여 돈을 버는 회사는 직원들의 월급이나 거래처 대금은 물론이고 세금까지 척척 낼 수 있습니다. 그 결과, 모두가 행복감을 느끼게 되지요.

문제가 힘들다고 고민만 하고 있으면 아무것도 해결되지 않습니다. 극복하겠다고 노력할 때 비로소 지혜가 생기는 법입니다. 힘들다고 생각하는 사람에게는 힘든 일만 생깁니다. 신은 언제나 우리가 극복할 수 있는 문제만 내줍니다. 이것이 우주의 법칙이지요.

인생의 갈림길에는 항상 두 개의 문이 있습니다. 하나는 편하고 즐겁게 성공을 향해가는 문입니다. 다른 하나는 고생만 하다가 실패에 이르는 문이지요. 이 두 개의 문 가운데 어느 것을 선택할지는 오직 당신의 몫입니다. 고생에 이르는 문은 절대 선택하지 않겠다고 마음먹은 사람 앞에는 결코 고생문이 열리지 않으니까요.

"사업을 하려면 영어는 필수입니다."

이렇게 말하는 이들이 많습니다. 하지만 나는 영어를 못합니다. 그래도 전혀 고생하지 않는 것은 신께서 영어를 잘 하는 사람을 내게 보내주었기 때문입니다. 아무리 노력해도 얻지 못하는 것이 있습니다. 그것은 내게 필요 없다는 뜻입니다. 그러니 큰 문제가 되지 않지요. 언제나 넉넉한 마음으로 문제를 해결해 나가면 됩니다.

내게 주어진 문제를 풀 때 나는 언제나 즐기면서 하는 것을 좋아합니다. 좀 더 많은 돈을 벌겠다는 욕심에 직원들이 싫어하는 일을 억지로 시키면 상황은 점점 나빠집니다. 만약 당신이 다니는 회사가 직원들을 함부로 몰아붙인다면 어떤 생각이 들까요? 당연히 일하고 싶지 않을 것입니다. 하지만 어떻게든 해내야 할 때는 내가 맡은 일을 게임이라고 생각하세요. 하기 싫은 일을 악당이라고 여기고, 오늘 몇 명을 해치워야 다음 단계로 올라갈 수 있을까 궁리하는 것이지요. 몇 점을 획득하면 상을 받을 수 있을까 계산하다 보면 싫은 일도 게임처럼 즐길 수 있습니다. 이 방법을 알게 되면 눈앞에 놓인 문제들이 훨씬 간단하게 풀려나갑니다. 그리고 행동이 빨라지지요.

"이런 아이디어는 어떨까?"

이렇게 고민할 여유가 없습니다. 오늘 나온 아이디어는 오늘, 내일 나온 아이디어는 내일 당장 행동으로 옮기세요. 아이디어가 떠오른 즉시 행동으로 옮기면 톱니바퀴가 맞물려 돌아가듯 일이 잘 굴러갑니다. 그래서 일은 재미있는 것이랍니다.

 세 줄 요약

문제가 힘들다고 고민하면 아무것도 해결되지 않습니다.
극복하기 위해 힘껏 노력할 때 비로소 지혜가 생기지요.
신은 우리가 극복할 수 있는 문제만 주시니까요.

운 좋은 놈이 성공한다

지는 사람이 유리하다

우리는 문제를 해결해 나가면서 많은 것을 배웁니다. 이런 배움이 자양분이 되어 우리의 영혼이 성장해 나가지요. 하지만 많은 이들이 한 번 지면 인생이 끝났다고 여기며 그 자리에 주저앉습니다.

"나는 뭘 해도 안 되는 사람이야."

이렇게 생각하며 이 생을 보내는 사람은 다음 생을 만나도 역시나 주어진 문제를 풀지 못합니다. 몇 번이나 다시 태어나 똑같은 문제에 부딪히다 보면 한 번 정도는 열심히 해보자는 생각이 들 수도 있겠지요. 하지만 이것도 참 괴로운 일입니다. 한 번 육체를 잃었다가 힘들게 새로운 생명을 얻었는데 똑같은 문제로 계속 골머리를 앓는다는 게 쉽지는 않을 테니까요.

살면서 성공을 거두는 사람은 그리 많지 않습니다. 그런 사람이 인생의 승리자라면, 패자의 숫자가 압도적으로 많은 것도 사실이지요. 어째서 신은 이처럼 수많은 패자를 만들었을까요? 물론 여러 가지 이유가 있을 겁니다. 하지만 반드시 명심해야 할 것은 신은 절대로 인간을 괴롭히지 않는다는 사실입니다. 오히려 모든 것을 한없이 주기만 하지요. 그렇다면 이 세상에 존재하는 수많은 패자에게 무엇을 알려 주려는 것일까요? 바로 이길 수 있는 힌트를 승자에게 배우라는 것입니다.

패자는 승자에게 배움으로써 다음 기회에 얼마든지 승자가 될 수 있습니다. 하지만 승자는 누구에게도 배울 사람이 없습니다. 새로운 방법을 스스로 찾지 않으면 다음번에는 질 수밖에 없지요.

사람은 지면서 많은 것을 배웁니다. 하지만 이긴 사람은 배울 곳이 없습니다. 생각해보세요. 승자와 패자, 과연 누가 유리할까요? 진다는 것은 결코 나쁜 일이 아닙니다. 그만큼 배울 기회가 많다는 뜻이지요. 이것을 아는 사람은 지는 것을 두려워하지 않습니다. 언제나 앞을 향해 나아가지요. 그런 이들은 내게 주어진 문제를 이 생에서 모두 해결하고, 다음 생에서 더 훌륭한 삶을 약속받습니다. 한번 졌다고 실망하지 마세요. 당신에게 더 많은 기회가 펼쳐질 테니까요!

——— 운 좋은 놈이 성공한다

세 줄 요약

우리는 실패의 과정을 통해 많은 것을 배웁니다.
지는 사람에겐 더 크게 발전할 기회가 주어지지요.
이것 또한 신의 선물임을 알아차려야 합니다.

06

즐겁게 돈을 버는 절대 성공법칙

직원을 내보내야 할 때가 오면

우리는 성장 과정에서 언제나 신의 시험을 치러야 합니다. 당신이 작은 사업체를 시작했다고 해봅시다. 처음에는 혼자서 열심히 노력하고, 시간이 지나면서 직원을 고용할 정도로 회사가 성장합니다. 그러면서 회사와 맞지 않는 직원이 들어오기도 합니다. 초반에는 잘못을 지적하고 고칠 점을 말해주겠지요. 이렇게 신경을 쓰는데도 아무것도 바뀌지 않는다면? 직원을 내보내는 것밖에 다른 방법이 없습니다.

이 시험은 절대 피하지 못합니다. 사업체를 운영하다 보면 그런 사람이 반드시 나타나지요. 그는 사장이 해고할 수 있을지 시험하기 위해 신이 보낸 사람이기 때문에, 해고당할 때까지 계속 나쁜 행동을 반복합니다. 아무리 배려해도 절대 그것을 고치지 못합니다. 애정을 갖고 대해도 정작 본인은 자기가 왜 그런 행동을 하는지 모릅니다. 그저 신의 섭리에 따라 그런 행동을 하고 있을 뿐입니다.

연어가 강을 거슬러 올라가는 건 본능입니다. 머리에 그렇게 입력되어 있기에 계속 그렇게 행동하는 것입니다. 쓸모없는 사원은 쓸모없는 행동만 하도록 입력되었기에 해고를 당한 뒤에야 한 가지를 배우게 됩니다. 사장도 그 사원을 해고한 후에 비로소 하나를 배우지요. 그 사실을 알지 못한 채 매일같이 심각하게 고민하거나, 그 직원을 괴롭히는 데 에너지를 쏟고 있다면 서로 힘들 뿐이지요. 답은 이미 나와 있습니다. 쓸모없는 사원은 해고하는 게 답입니다. 절대 어려운 일이 아니지요. 단지 문제를 해결하는데 걸린 시간이 6개월이냐, 1년이냐, 10년이냐의 차이일 뿐입니다.

멸치가 아무리 열심히 헤엄쳐도 상어의 속도를 따라잡지는 못합니다. 사람도 마찬가지입니다. 문제를 해결하지 못한 상태에서는 10년의 세월이 흘러도 계속 잘못된 행동을 반복할 뿐이지요. 그리고 내 영혼의 단계가 올라가서 남을 키워야 할 시기가 오면 기존에 만났던 이들과는 다른 사람이 나타납니다. 성장하는 과정에 따라 그에 걸맞은 파동이 나오는 만큼, 그 파동이 불러모으는 사람이 당신을 찾아오고, 만나게 되는 사람도 달라집니다.

회사가 급성장하면 초창기에 함께했던 직원은 한두 명 정도밖에

남지 않습니다. 현재보다 한 수준 아래였던 시절에 회사가 만들어
낸 파동을 따라 모였던 사람들이기 때문에 회사가 급성장하면 그
속도를 따라오지 못하는 것입니다. 그나마 마지막까지 남은 한두
명은 사장이 발산하는 파동에 필사적으로 맞춰가며 자신을 변화시
킨 사람들입니다. 사장이 이들을 부장이나 임원으로 승진시키고 싶
어 하는 건 당연한 일이지요.

일단 회사가 성장하면 기존 사원보다 훨씬 우수한 사람들이 사장
주변에 모여듭니다. 발전한 회사가 만들어낸 파동이 우수한 사람을
끌어들이기 때문이지요. 예전부터 자신을 따랐다고 해서 남은 사람
을 반드시 승진시킬 필요는 없습니다. 높은 자리에 올라가는 것이
오히려 이들에게 짐이 될 수 있기 때문입니다. 버틸 능력이 되지 않
는데 무리하게 짐을 지우면 그대로 주저앉을 뿐입니다.

"자네는 초창기부터 지금까지 나와 항상 함께했던 사람이야. 그
러니 해낼 수 있을 거야!"

이렇게 말하는 게 정말 애정일까요? 아무리 격려해도 해낼 수 없
는 일이 있게 마련입니다. 열심히 단련해도 어쩔 수 없습니다. 무섭
게 성장하는 속도에 따라오지 못하는 사람은 언제든 생깁니다. 이
것이 급성장하는 회사의 장점이자 단점이지요. 일 년에 2배씩 성장
하는 회사라면 기존에 일하던 사람들도 어느 정도 따라올 수 있습

운 좋은 놈이 성공한다

니다. 하지만 5배, 10배로 급성장하면 대부분은 그 속도를 따라잡기 힘들어합니다. 회사가 5배 성장했다는 것은 재무, 고용, 업무 등이 모두 5배씩 늘어난다는 뜻입니다. 모든 직원이 5배 늘어난 업무를 감당할 수 있을까요? 절대 그럴 수 없습니다. 감당하지 못하는 사람이 생기는 건 당연합니다. 이때 사장이 나서야 합니다. 회사의 성장 속도를 따라잡는 이들과 더불어 갈 때 함께 힘을 낼 수 있습니다.

 세 줄 요약

회사의 성장 단계에 따라 어울리는 사람이 달라집니다.
초창기와 발전기는 엄연히 다른 상태이기 때문이지요.
함께할 사람을 고르는 것도 사장의 중요한 임무랍니다.

잠잘 때 비로소 지혜가 솟아난다

어려운 문제에 부닥치면 사람들은 다들 괴로워합니다. 자기 능력 안에서만 지혜를 찾기 때문입니다. 그렇다면 제대로 된 해결책은 무엇일까요?

우리가 속해있는 우주의 중심에는 전 우주를 움직이는 위대한 힘이 자리 잡고 있습니다. 이 힘은 우리의 마음과 직접 연결되어 있지요. 우주의 중심은 수많은 지혜가 응축된 슈퍼컴퓨터의 본체와 같습니다. 나 홀로 답을 찾느라 끙끙대지 말고 그냥 문제만 입력하세요. 컴퓨터가 저절로 정답을 도출해 줄 테니까요.

"나는 지금 이런 문제로 고민하고 있습니다."

이렇게 문제에 관해 말을 한 뒤 잠자리에 들면 됩니다. 그러면 우

운 좋은 놈이 성공한다

주 저편에서 당신에게 지혜로운 답을 주지요. 아침에 일어난 뒤 이를 실행하기만 하세요. 좋은 아이디어가 떠오르면 우리는 이것이 자신이 지혜로운 덕분이라고 생각합니다. 사실은 그렇지 않습니다. 어떤 마을에서 갑자기 온천이 솟아올랐다고 합시다.

"와, 우리 마을에 없던 온천이 새로 생겼어!"

대부분 이렇게 생각할 테지만, 사실 그 마을 아래에는 처음부터 뜨거운 물이 흐르고 있었습니다. 다만 발견하지 못했을 뿐이지요. 이처럼 원래 없었던 것이 하루아침에 생기는 법은 없습니다. 지혜도 마찬가지입니다. 갑자기 어떤 아이디어가 떠올랐다면, 그 지혜는 본래 내재되어 있던 것입니다. 원래부터 존재하는 것을 떠올렸을 뿐이지요.

땅을 파서 온천이 나온 것도 그럴 수 있는 환경이기 때문입니다. 내가 하는 말을 이해하는 것 또한 당신이 그것을 이미 알고 있기 때문이지요. 내 말이 힌트가 되었을 뿐입니다. 지혜란 남에게 배울 수 있는 것이 아닙니다. 누구든 마음속에 지혜의 씨앗을 갖고 있으며, 언제든 이것을 꽃피울 수 있습니다.

학교에서 시험을 볼 때 다른 학생들과 힘을 모으기는 쉽지 않습니다. 모두 경쟁 관계라고 여기기 때문입니다. 하지만 사회에서는 힘을 모을 때 더 좋은 결과를 만들 수 있습니다. 함께 힘을 모아 백 점 답안을 완성하는 게 가능하다는 이야기지요. 내가 운영하는 회사에서는 사원들에게 경쟁을 부추기지 않습니다. 함께 힘을 모아 좋은 답을 찾아내도록 격려합니다. 넓은 마음으로 힘을 합칠 때 모두가 행복해질 수 있다는 것을 이제 모두가 알고 있답니다.

"이 사람에겐 가르쳐줘도 저 사람에겐 가르쳐주지 않을 거야."
"이 사람한테 배워야지. 저 사람에겐 배울 필요가 없어."

이렇게 속 좁은 말을 해서는 안 됩니다. 내 지혜를 아낌없이 나눠주고, 다른 이의 지혜도 활용할 수 있을 때 영혼의 단계가 올라갑니다. 내가 생각해낸 아이디어라고 해서 혼자 독점할 수 있는 건 아닙니다. 모두의 마음속에 잠들어있던 것을 남들보다 조금 빨리 찾아냈을 뿐이지요. 없던 전기를 발명했다고 생각하지만, 원래 전기는 지구상에 존재하고 있었습니다. 원자력도 마찬가지입니다. 이미 세상에 있는 것을 누군가가 발견하여 사용할 뿐이지요. 그러니 혼자서 백 점을 맞겠다고 욕심내서는 안 됩니다. 모두 힘을 합해 백 점을 맞는 것이 훨씬 좋습니다.

모든 일을 잘하는 사람은 특기가 없고, 한 가지가 특출한 사람은 못하는 것이 많습니다. 이는 당연한 이치입니다. 부족한 부분이 많기에 잘하는 일이 오히려 돋보이는 법이니까요. 형태가 다소 뒤틀

운 좋은 놈이 성공한다

려도 상관없습니다. 눈이 내릴 때 결정을 들여다보면 똑같은 모양이 하나도 없습니다. 하지만 그 자체로 완벽하지요. 조금씩 달라도 소복소복 쌓이면 온통 새하얀 눈 세상이 펼쳐집니다. 무척 아름다운 풍경이 눈앞에 모습을 드러내지요!

세 줄 요약

지혜란 남에게 배울 수 있는 것이 아닙니다.
누구든 마음속에 지혜의 씨앗을 갖고 있지요.
당신에겐 이것을 꽃피울 능력이 있습니다.

돈은 신의 선물이다

사장은 보통 직원보다 몇 배 많은 월급을 받습니다. 하지만 사장으로서 당연히 해야 할 일만 한다면 그렇게 많은 월급을 받을 자격이 없지요. 물론 경기가 좋을 때는 그런 일만 해도 돈을 벌 수 있습니다. 하지만 이제 그런 시절은 끝났습니다. 경기가 나빠서 이익을 내지 못했다는 말을 직원들은 할 수 있습니다. 하지만 사장은 그런 말을 해서는 안 됩니다. 불황일 때 어떻게 하면 회사가 더 많은 돈을 벌 수 있을지 고민해야 하기에 더 많은 월급을 받는 것이기 때문이지요.

"경제 상황이 이렇게 안 좋은데 적자는 안 보았으니, 이 정도면 됐어."

운 좋은 놈이 성공한다

이렇게 속 편한 소리만 해서는 아무것도 바뀌지 않습니다. 사원보다 머리를 많이 써야 사장이니까요. 이런 식으로는 회사의 손실이 늘어가기만 할 뿐입니다.

올해 50억 원의 매출을 올린 A라는 회사가 있다고 해봅시다. 비슷한 일을 하는 B 회사가 1000억 원의 매출을 올렸다면, A라는 회사는 950억 원을 손해 본 것과 마찬가지입니다. 경기가 나빠서 매출을 올리지 못한다는 변명은 통하지 않습니다. 똑같은 상황에서 더 큰 매출을 올린 기업이 존재하니까요. 어떻게든 이익을 늘리겠다고 마음먹으면 결과는 저절로 따라옵니다. 진심으로 돈을 벌겠다는 생각을 하지 않으니 매출이 늘지 않는 것입니다. 그렇다면 어떻게 해야 할까요?

"우리 회사는 950억 원의 손해를 봤어."

먼저 이렇게 생각해야 합니다. 그러면 950억 원의 손실을 메꾸기 위한 지혜가 생깁니다. 사장 자리를 맡았다는 것은 가장 많은 일을 하라고 신이 명령한 것이나 마찬가지입니다.

"사장 노릇은 정말 힘들어."

이렇게 불평할 틈이 없습니다. 당장 투덜거림을 멈추고 일을 시작해야 합니다. 앞이나 뒤를 돌아볼 여유도 없지요. 신은 언제나 우리에게 한발 앞서 돈을 줍니다. 그 정도 금액에 걸맞은 실력이 없다고 해도 일단 먼저 주지요. 신은 실력보다 높은 지위에 사람을 끌어올린 뒤 대가를 미리 주지만, 시간이 지나면 손을 놓아버립니다. 불평을 멈추고 지위에 맞는 사람이 되려고 노력한다면 떨어져도 아픔은 덜합니다. 설사 그 지점에 도달하지 못해도 어느 정도 실력이 쌓인 상태니까요.

하지만 높은 지위에 들떠서 자신을 연마하지 않는다면, 막상 신이 손을 놓았을 때 바닥에 그대로 곤두박질치게 됩니다. 그 충격과 아픔은 말로 설명하기 어려울 지경이지요. 한창 경기가 부풀어 오르다가 그 거품이 꺼지면 대부분의 사람이 이렇게 바닥에 내던져진 느낌을 받습니다. 거품에 들떠서 사치와 여유를 만끽하면 얼마 지나지 않아 이런 날을 맞게 되지요. 골프를 치든, 고급 차를 사든, 여행을 하든, 조금 즐기는 것은 상관없습니다. 하지만 정신을 차리고 노력하지 않으면 곤두박질은 하루아침입니다.

매일매일 열심히 노력하여 마침내 신이 끌어올린 위치에 걸맞은 자격을 갖추면 당신은 엄청난 상을 받습니다. 당신이 올라선 나무의 줄기를 두껍게 만들어줄 뿐만 아니라, 줄기만으로는 부족하다며 나뭇가지와 잎을 붙여줍니다. 어마어마한 혜택이 돌아오는 것이지요. 이것이 바로 우주의 법칙입니다. 기억하세요. 돈은 신이 주는 것입니다. 악착같이 벌어서 모은 돈은 사라지지만, 신이 준 돈은 사라지지 않습니다. 아니, 돈보다는 점수라고 하는 것이 더욱 좋겠지요. 좋은 일인데도 불만을 품을 때는 80점을 받지만, 아주 좋은 일을 하면 높은 점수를 받습니다.

"착한 일을 했군. 이번에는 200점을 줘야겠어."

이렇게 칭찬을 받지요. 학교에서 시험을 볼 때는 100점이 최고입니다. 하지만 신의 성적표에는 제한이 없습니다. 올바른 일을 하면 200점, 300점도 받을 수 있습니다. 나쁜 일을 할 때도 가차 없지요. 마이너스 점수도 금방이니까요. 이처럼 밑으로 떨어질 때도, 위로 올라갈 때도 한계가 없는 것이 우주의 법칙입니다. 사람이 위치에 맞게 올바른 일을 하지 않으면 신은 명예와 재산을 모두 **빼앗아** 갑니다.

신은 우리의 생명도 관장합니다. 스위치를 내리면 돌아가던 선풍기가 꺼지듯이, 우리의 생명도 신이 쥐고 있습니다. 그분이 스위치를 끄는 순간 우리는 죽습니다. 즉, 전기 덕분에 선풍기가 돌아가듯 우리도 신의 힘으로 살아가는 것이지요. 인간만이 아닙니다. 이 세상에 존재하는 모든 생물은 생명 에너지가 끊기면 멈추고 맙니다.

지위가 올라가고 재산이 늘었다고 해서 거기에 흠뻑 취해서는 안 됩니다. 중학교만 나와서 엄청나게 돈을 모았다고 해도 그건 결코 혼자의 힘이 아닙니다. 나 혼자 모든 역경을 이겨냈다고 자만하지 말고 신에게 감사하는 마음을 가져야 합니다. 우리가 크게 성공할 수 있는 이유는 개인의 능력이 아니라 신의 도움 덕분입니다. 이런 사실을 모르고 한창 들떠 있으면 신이 마침내 말합니다.

"그러면 어디 네 힘으로 한번 해 보거라."

이런 신의 말에 정신 차렸을 때는 이미 아무것도 남은 것이 없습니다. 언제나 감사하는 마음을 가져야 합니다.

"중학교만 나와서 열심히 일하는 사람은 많지만, 나는 정말 운이 좋아."

여유를 갖고 항상 감사하는 마음으로 살아가세요. 지위가 올라갔다고 들떠서는 안 됩니다. 내 실력 이상으로 신이 끌어올려 주었을 뿐입니다. 그러니 진정한 실력을 기르기 위해 필사적으로 노력해야 하지요.

운 좋은 놈이 성공한다

세 줄 요약

이익을 늘리겠다고 마음먹으면 결과는 저절로 따라옵니다.

진심으로 돈을 벌겠다고 생각해야 매출이 느는 법이지요.

투덜거림을 멈추고 당장 당신의 일을 시작해야 합니다.

사랑을 나눠야 성공한다

사람이 여러 번 다시 태어나는 것은 영혼의 단계를 올리기 위함입니다. 그리고 우리가 살아가는 목적은 다른 이에게 사랑을 나눠주기 위해서지요. 사랑의 형태는 모두 다릅니다. 일반적으로 사장은 직원에게 일과 급여로, 직원은 사장에게 노동으로, 회사는 고객에게 좋은 상품을 제공하는 형태로 사랑을 주지요. 이것이 기본예절입니다. 사랑을 주지 않고 빼앗기만 한다면 예절을 지키지 않는 것과 다름없습니다.

"직원들이 도통 일을 하질 않아. 저렇게 의욕이 없다니, 월급이 아깝군."

경영자들은 언제나 직원들을 바라보며 불만을 토로합니다. 하지

운 좋은 놈이 성공한다

만 그 전에 곰곰이 생각해보아야 합니다.

"나는 과연 직원들에게 무엇을 주었지?"

　사장의 입장이 아닌, 직원의 입장에 서보아야 합니다. 그렇게 사장이 줄 수 있는 것을 생각하다 보면 금세 깨닫게 될 것입니다. 직원에게 할 일과 월급을 제공한다고 해서 즐겁게 일할 수 있는 건 아니라는 사실을 말이지요.

　즐겁게 일하기 위해서는 그저 주어진 것만이 아닌, 다른 뭔가가 필요합니다. 넉넉한 마음과 기쁘게 일할 수 있는 상황이 그것이지요. 사장이 직원에게 이런 것들을 제공하면, 직원들도 다시 생각하게 될 것입니다. 내가 그에 맞는 역할을 해내고 있을까 고민하게 되지요. 우리는 언제나 다른 사람에게 사랑을 나눠주어야 합니다. 주는 것보다 빼앗는 것이 많으면 언젠가 가진 것을 모두 빼앗깁니다. 이것이 우주의 법칙이지요.

　열심히 일하지 않고 월급만 축내는 직원은 머지않아 해고를 당하게 됩니다. 고객에게 좋은 제품을 선사하지 못하는 회사는 머지않아 외면을 받지요. 매우 당연한 일입니다. 세상은 모두 도리에 따라 움직입니다. 각자의 자리에서 무엇을 해야 할까 열심히 고민하면

답은 저절로 나옵니다. 사장은 직원에 대한 예절이, 직원은 사장에 대한 예절이, 회사는 고객에 대한 예절이 있다는 사실을 알아야 합니다. 이 예절을 철저히 지키면 모두가 행복해지지요. 세상이 도리에 따라 움직이면 행복과 성공은 생각보다 간단하게 이룰 수 있습니다.

꽃이 피고 물이 흐르고 노래가 있다.
우리는 또다시 천국에서 태어났다.

우리가 살아가는 이 지구별에는
꽃이 피고 물이 흐르고 노래가 있다.

이 넓은 우주의 어느 곳을 살펴보아도
이렇게 아름다운 별은 없을 것이다.
이 별이 바로 천국이다.

이 별에서 태어난 것에 감사함을 느낀다.
사랑하는 이곳, 지구별이
언제까지나 아름다운 곳으로 남아있기를!

운 좋은 놈이 성공한다

 세 줄 요약

즐겁게 일하려면 기쁘게 몰두할 환경이 필요합니다.

사장이 예의를 다하면 직원도 노력을 아끼지 않지요.

나누면 더 큰 것이 돌아오는 게 우주의 법칙입니다.

마음을 주인공으로 삼아라

이 우주에는 신이 존재하며, 우리 마음속에도 신이 존재합니다. 이 우주와 우리 마음속에 존재하는 신의 목소리를 따르면 언제든 성공할 수 있다는 것이 나의 주장입니다. 다소 엉뚱한 느낌이 들 수도 있습니다. 괴짜라는 생각이 들기도 하겠지요. 하지만 제자들과 나는 평소에 이런 대화를 주고받고는 합니다. 전국 각지에서 일하는 우리 직원들과 만나는 것만으로 시간이 부족한 터라, 나는 사람들과 만날 시간을 따로 내기가 어렵습니다. 그래서 이 책을 쓰며 대부분의 사람이 쉽게 이해할 수 있도록 글을 풀어보려고 애썼습니다. 하지만 그런데도 터무니없어 보이는 내용이 있을 수 있습니다. 모두 나의 경험에서 나온 이야기지만, 좀 더 내용을 부드럽게 써야 했다고 반성하고 있습니다.

어쨌든 이 우주에는 엄청난 에너지가 존재하고 있습니다. 오래전

운 좋은 놈이 성공한다

하늘을 연구했던 과학자들은 별과 별 사이가 아무것도 없이 텅 비어 있다고 생각했습니다. 하지만 오늘날 우주 공간에 에너지가 존재한다는 사실이 밝혀졌지요. 인공위성에서 보낸 전파가 지구에 도달할 수 있는 것도 별과 별 사이에 에너지가 존재하기 때문입니다.

이 우주에 존재하는 에너지는 근본적으로 하나입니다. 이 유일한 에너지가 단단하게 뭉쳐서 지구라는 천체가 생겨난 것이지요. 인간도, 나무도, 돌도, 물도 모두 이 우주 에너지가 변하여 만들어진 것입니다. 우리는 세상에 수많은 숫자가 존재한다고 여깁니다. 하지만 숫자 또한 한가지뿐입니다. 1이 10개 모이면 10이 되고, 100개 모이면 100이 되는 것이지요. 원자도, 분자도, 물질도 모두 마찬가지입니다. 에너지가 몇 겹으로 둘러싸고 있느냐의 차이일 뿐입니다. 모든 것의 근원을 거슬러 올라가면, 결국 단 하나의 우주 에너지가 있을 뿐이지요. 우리의 영혼도 하나의 우주 에너지이며, 그래서 서로 공감하는 것입니다.

이 세상은 모두 하나의 우주 에너지로 이루어져 있습니다. 말미잘, 다랑어, 연어도 모두 하나의 우주 에너지라고 할 수 있지요. 생김새도, 사는 방식도 각자 다르지만, 다들 한 가지 목표를 위해 살아가고 있습니다. 바로 영혼의 단계를 향상시키기 위해서지요. 나는 회사에서 직원들과 만나면 종종 이런 이야기를 주고받습니다. 그런 점에서 나는 평범한 사업가는 아닐 것입니다.

"우리의 영혼이 고향으로 돌아갈 때까지 시간은 충분합니다. 그러면 무엇을 하며 영혼의 단계를 높여볼까요?"

이런 말을 하며 즐겁게 일을 시작하곤 합니다. 우리 나름의 경영 법칙을 갖고 있지요. 모든 사원이 자신의 영혼을 성장시키며 재미 있게 일한다면 아주 이상적인 회사가 될 수 있을 것입니다.

우리 회사에는 고객의 주문을 받는 주문팀과 주문받은 물건을 포장하는 포장팀이 따로 있습니다. 나는 주문팀과 포장팀이 각자 일을 즐길 방법을 항상 고민합니다. 일반적인 회사에서는 직원들에게 이런 말을 자주 합니다.

"자네도 열심히 노력하면 과장이 될 수 있다네."
"십 년만 제대로 하면 자네도 임원이 될 수 있어."

하지만 이것은 잘못된 말입니다. 과장이나 임원이 되지 못하는 사람은 능력도 없고 의욕도 부족하다는 소리니까요. 직원은 직원대로, 과장은 과장대로, 임원은 임원대로 행복할 수 있는 회사를 만들어야 합니다.

우리 회사에서는 각자의 일이 모두 중요합니다. 그래서 주문팀과 포장팀 직원들이 자긍심을 갖고 모두 행복하게 일하지요. '최고 기록 게임'을 만든 것도 그런 이유입니다.

———

"제가 오늘 고객의 주문을 20개나 받았어요!"

"제가 이번 달에 포장을 1,000개나 했어요!"

이렇게 외치며 서로 기뻐하고 칭찬합니다. 모두가 자부심이 넘치니 일하는 시간이 즐거워지지요. 만약 주문팀에 있다가 포장팀을 동경하는 직원이 생기면 부서를 옮기도록 해줍니다. 과장이나 임원이 되었다고 해서 그 사람이 훌륭한 것은 아닙니다. 지금 그대로 당신은 충분히 훌륭하다는 것을 알려주는 것이 바로 사장이 해야 할 일입니다.

회사는 한 사람의 힘으로 돌아가지 않습니다. 각자 하는 일에 자부심을 지닐 때 일하는 게 즐겁고 회사도 발전합니다. 현장이 즐거운 사람은 현장에서, 사무실이 적성에 맞는 사람은 사무실에서 일하면 됩니다. 현장에서 하는 일은 수준이 낮고, 사무실에서 하는 일은 훌륭하다고 말하는 사람은 불행할 수밖에 없지요. 이상한 편견을 버리면 모두가 행복해질 수 있습니다. 영혼의 단계를 올리는 것은 이런 작은 생각에서 시작됩니다.

이 책을 쓰는 동안 나는 꽃가루 알레르기에 시달렸습니다. 콧물이 계속 흘러나와 고생을 했지요. 그래도 나는 행복했고, 지금도 역시 즐겁습니다. 병이 낫지 않는다고 불행하지는 않습니다. 병자는 그 나름대로 행복해지면 되는 법이니까요. 세간의 상식으로 볼 때 나는 완벽하게 건강한 사람은 아닙니다. 그래도 삶이 즐겁습니다. 몸 속에 있는 병을 없애야겠다는 생각은 하지 않지요. 이대로 계속 행복하게 지내다 보면 언젠가는 병마도 스스로 물러날 것입니다.

"나는 아파서 불행해."

이런 생각을 품고 있을 때 문제가 발생합니다. 병에 걸렸다고 우울해하거나 남들에게 화풀이를 하는 건 아닌지 신은 지켜보고 있습니다. 태어날 때부터 살아가는 내내 우리는 신이 건넨 시험지를 풀고 있지요. 자신만 불행하다고 생각할 필요는 없습니다. 어떤 사람이든 사는 모습은 결국 비슷합니다. 그것을 바라보는 관점이 다를 뿐이지요. 세상에는 건강해도 불행한 사람이 많습니다. 몸 상태에 따라 기분이 좌우될 필요는 없습니다. 우리의 몸은 삶의 주인공이 아닙니다. 영혼의 단계를 높여가는 것이 우리 삶의 궁극적인 목적입니다. 당신의 마음을 삶의 주인공으로 삼으세요. 그러면 행복해질 수 있습니다.

운 좋은 놈이 성공한다

 세 줄 요약

각자의 일에 자부심을 지닐 때 일이 즐겁습니다.
당신의 마음을 주인공으로 삼아보세요.
진정한 행복을 맛볼 수 있답니다.

언제든 처음으로 돌아가라

살다 보면 억울한 때가 있습니다. 예를 들어 부서 전체의 일에 책임을 지고 좌천되는 경우를 들 수 있겠지요. 이런 상황을 기뻐할 사람은 없습니다. 고민이 깊어지며 우울해지는 것도 당연합니다. 그럴 때는 이렇게 한번 생각해보세요.

'그래, 오늘이 이 회사에 들어온 첫날이야.'

그렇게 생각해도 그 사람에게는 이미 그동안 쌓인 지식과 경험이 있습니다. 오늘이 입사한 날이라는 마음으로 지식과 경험을 활용한다면 겪고 있는 문제를 머지않아 극복할 수 있을 것입니다. 회사에 다니다 보면 갑자기 방침이 바뀔 때도 있습니다. 여태까지 했던 것이 모두 헛일이 되었다며 다들 고민합니다. 하지만 그런 것으로 불

216 ——————————— 운 좋은 놈이 성공한다

만을 토로할 필요는 없습니다.

'그래, 오늘이 입사한 날이라고 생각하는 거야.'

이렇게 다시 출발점에 서서 열심히 달린다면 회사의 방침이 바뀐 것 정도는 전혀 대수로운 일이 아닙니다. 옛일에 얽매어 이러쿵저러쿵 불평해도 지나간 시간은 돌아오지 않습니다. 차라리 마음을 다잡고 처음에서 다시 시작하세요.

"그게 말처럼 쉬운 일은 아니잖아요."

많은 이들이 이렇게 말하며 항의할 것입니다. 아무것도 갖지 않았던 상태에서 다시 시작하라는 말을 받아들이기가 쉽지 않기 때문입니다. 머리로는 이해해도 막상 실천하려면 내키지 않을 것입니다. 아무것도 없었던 것처럼 시작점에서 다시 출발하라는 것이 일시적인 위안이라고 생각할 수도 있습니다. 하지만 당신이 겪는 어려움은 몸이 아닌 마음의 어려움일 때가 많습니다. 그럴수록 마음을 편히 가지도록 하세요. 비록 일시적인 위안일 수도 있지만, 그것이 갖는 힘은 적지 않습니다. 조금 쉬고 난 뒤 신을 믿고 힘든 일을 향해 돌진해 나가도록 합시다. 때로는 힘든 일만 들어있다고 생각한 상자에서 뜻밖의 보물이 나올 때가 있습니다. 그래서 인생은 즐거운 것이지요!

 세 줄 요약

살면서 힘든 일이 생겨도 걱정할 것 없습니다.
오늘이 시작하는 날이라고 생각하면 되니까요.
마음먹기에 따라 인생은 보물 상자가 되어줍니다.

오늘도 즐기며 사장 노릇을 합니다

어느새 이 책을 마무리할 때가 왔습니다. 지금까지 나의 이야기에 공감하는 부분도 있고, 그렇지 않은 부분도 있을 겁니다. 상관없습니다. 나와 여러분의 생각이 모두 일치할 수는 없는 노릇이니까요.

이 책을 읽고 우리 회사에 들어오면 즐거울 것이라고 여기는 사람도 있을 것입니다. 하지만 우리 회사라고 모든 이가 행복하지는 않습니다. 나의 사고방식을 이해하지 못하는 사람은 당연히 내가 하는 일도 납득하지 못합니다. 누구든 자신에게 맞는 것과 그렇지 않은 것이 있게 마련입니다. 잘 맞는 사람이라면 우리 회사에서 즐겁게 일할 수 있겠지만, 그렇지 않은 사람이라면 우리 회사에서 경험하는 것들이 시시하게 여겨질 뿐이겠지요. 지금까지 이 책에서 썼던 내용이 모두 우리 회사에서 제대로 시행되고 있는 것은 아닙니다. 사실은 이제 막 실천하기 시작했을 뿐입니다.

이 책에서 쓴 대로 모든 일을 완벽하게 실천한다면 우리 회사는 곧 세계 최고가 될 것입니다. 아직 완벽하지는 않지만, 기쁨을 느끼며 살아가는 직원이 계속 늘고 있다는 것은 확실합니다. 앞으로도 나와 우리 직원들의 즐거운 여행은 계속될 것입니다. 여러분도 삶을 즐겁게 여행하길 바랍니다.

괴짜와 다름없는, 아주 별난 사람의 이야기를 지금껏 읽어준 당신에게 진심으로 감사의 마음을 전합니다. 나는 오늘도 가벼운 마음으로 즐겁게 사장 노릇을 해나가고 있답니다.